音楽科授業サポートBOOKS

導入・スキマ時間に楽しく学べる！

小学校音楽
「魔法の5分間」
アクティビティ

阪井 恵・酒井美恵子 編著

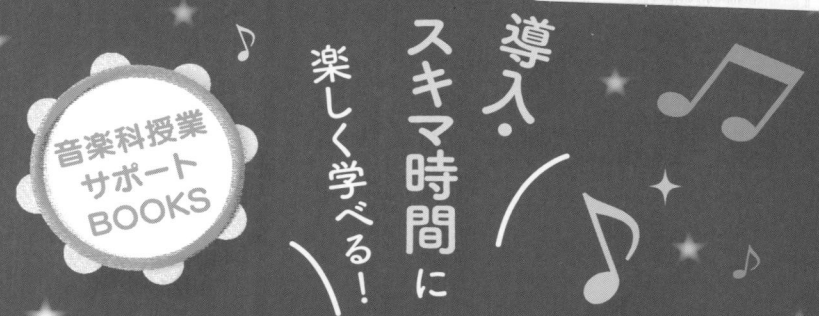

明治図書

はじめに

「魔法の5分間アクティビティ」（常時活動）で期待できる効果

　本書には，音楽科の「常時活動」として位置付けることのできる50の具体例が示されています。編著者は平成25年度に，全国の小学校音楽科における常時活動の実態調査を行いました。その結果，多くの先生方が常時活動に工夫を凝らしておられるにもかかわらず，それらの事例は充分に共有されていない実態が浮かび上がりました。それは大変もったいないことだと考え，本書を企画しました。

　「魔法の5分間アクティビティ」というタイトルで表している常時活動を，本書では以下のように考えています。

・主として始業時，ごく短時間（5分程度）で行う活動
・一定期間，継続的に行うことにより，基礎的・基本的な力をつけることをねらいとする活動
・必ずしも本時の学習への導入として直結しない場合もあるが，上記のねらいに即した活動

　本書の常時活動で期待できる効果は，以下のとおりです。

1　継続的に行うことで，基礎的・基本的な力が確実に身に付きます

　多くの先生は，教科書を使って授業をされていることでしょう。それによって多様な活動がバランスよく組み込まれ，表現と鑑賞の関連も生まれます。しかしたとえば，よく響き広い音域を出せる発声，速度が変わっても拍の流れにのって音楽を進めていくこと，簡単な五線譜を読んで音やリズムをとること，鍵盤楽器やリコーダーの運指，などは一定期間の練習の積み重ねがないと身に付けることができません。常時活動は，毎回の授業の中の5分程度を使うことにより，楽しんで歌ったり演奏したりするための基礎的・基本的な力を定着させるのに，大変効果的です。

2　友達や先生との間に楽しいコミュニケーションが確実に生まれます

　本書で示した50の活動は，いずれも教室における友達の存在を前提とし，耳をすませたり声を出したり体を動かしたりするものです。また多くの活動は，友達との適当な距離をはかりながら動いたり，友達との軽い身体接触を伴ったりしています。一種のアイスブレイク活動の要素がつまっており，昔ながらのわらべうた遊びに通じるものがあります。ゲーム感覚で動いたり，「うまくいくかな？」と緊張感をもったり，ときには正解を探し当てたりすることが求められるので，集中して参加しないわけにはいきません。

　そんな中で，笑顔と笑い声がこぼれ出すことは確実です。音楽活動は独特なコミュニケーションの形態です。何か意味を伝えるよりも，想い・気分・パワーを伝達させるコミュニケーションと言いましょうか。先生や友達が楽しそうに動いたり歌ったりしているそばにいると，思わず自分もそのようにふるまってしまいます。本書で示した活動は，そのようなコミュニケーションを生み出します。

3　心身のウォーミングアップになり，学習に向かう構えをつくります

　2で述べたような笑顔のコミュニケーションにより心身があたたまり，音楽の学習に気持ちが向きます。

　本書に掲載した50の活動の大半は，もとのアイデアがすでに紹介され実践されてきたものです。執筆者各々が自分の現場で行ってきた工夫をふまえ，具体的な方法がわかるように文章化しました。読者のみなさまは，ぜひご自分の現場に合ったバリエーションを加えたり，さらに新しい事例を生み出したりしてください。

本書の使い方

1 「魔法の5分間アクティビティ」のページの構成について

　50の活動がそれぞれ見開き2ページに収められています。それぞれの項目の見方や留意点を紹介します。

活動名：なるべく短く児童にもわかりやすい活動名にしました。
対　象：低学年と書いてあっても，高学年で取り入れて楽しく学びのある活動にすることもできます。目安としてお考えください。
領域・分野：歌唱，器楽，音楽づくり，鑑賞のいずれの活動を通して行っているかを示しています。たとえばリズムの活動などは，すべての領域・分野の基礎となる活動ととらえ，「すべて」としてあります。
要　素：この活動で特徴的な音楽の要素です。
仕組み：この活動で注目される音楽の仕組みです。

やってみよう！
　特　徴：活動がわかりやすいよう取り組みの順を示したり，イラストや写真を添えたりしています。
　留意点：時間…活動の概要で示したものは5分間で終了する活動とそうでない活動があります。後者は常時活動をくり返して，身に付いたら次のステップに進むというものです。児童の実態に応じてご活用ください。
　アイデアについて…古くから伝わる家庭・地域での遊びや広く学校や保育の現場で行われているものに工夫を加えているものが多くあります。読者の身近にある遊びやわらべうたなどを常時活動として工夫するための参考にもなります。
　ベルやチャイムについて…ベルやチャイムにはハンドベル，トーンチャイムなどをはじめさまざまな商品名があります。

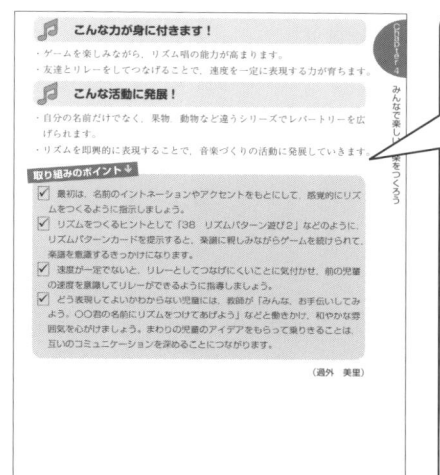

こんな力が身に付きます！
　この活動でどのような音楽の力が身に付くかを記載しています。ここを意識して活動に取り組ませるとねらいの明確な活動となります。

こんな活動に発展！
　基礎的な音楽の力が高まるとさまざまな領域・分野に生きて働きます。どのような活動に発展するかの具体例を示しています。ここにとらわれず，学校の実態に応じて，楽しく発展させてください。

取り組みのポイント
　本活動を円滑に進めるためのポイントを記載しています。

2　活動を取り入れるときに配慮することについて

　50の活動は，いずれの活動を授業に取り入れる場合でも，それまでに児童が経験している活動や身に付いている力を考え合わせて選択してください。特に音楽づくりは，体験したことがある経験や身に付いている力が重要です。たとえば手拍子でリズムをつくってたたく場合，事前に教師がたたいたリズムを手拍子でくり返す経験を積んでおくと円滑にいきます。

3　付録"リッスンタイムおすすめ曲40一覧"について

　3分前後で聴くことができる40曲を「動物」，「鳥」，「おもちゃ，器械」，「乗り物」，「行進曲など―歩きながら聴くおすすめ曲―」，「踊り」，「情景を想像して」，「指揮に挑戦」でまとめてみました。情報として「楽曲冒頭に付けられた速度や表情の用語」「拍子」「調」「使用している楽器」「おおよその演奏時間」「聴きどころ」等を掲載しました。常時活動として毎回異なる1曲を聴くという活動でも役立ちますし，鑑賞の授業における教材としてくり返し聴いて曲の特徴をとらえる学習にも役立ちます。先生方の気分のリフレッシュにも役立つかもしれません。ぜひお聴きください。

本書の使い方　5

もくじ

はじめに　2
本書の使い方　4

Chapter 1　音を感じて楽しもう

1　どんな感じがするかな―音素材で遊ぼう―　10
2　音のビタミンシャワー１―教師が音を紹介する―　12
3　音のビタミンシャワー２―児童が見つけた音を紹介する―　14
4　手拍子まわし―声まわし，音まわし―　16
5　楽器当てクイズ―この音色は？―　18
Column　音は体と心で感じるもの　20

Chapter 2　リズムにのって体を動かそう

6　楽器の音で動こう　22
7　今日のリズム―言葉とリズム―　24
8　今日のリズム―拍の強弱―　26
9　２拍子と３拍子の違いを感じ取ろう　28
10　手拍子まわしでクレシェンド・デクレシェンド　30
11　何拍子だって「まかせなさい！」　32
12　まねっこ遊び―先生のリズムをまねしてくり返そう―　34
13　拍の流れで手合わせお尻合わせ　36
14　もちつきゲーム　38
15　穴うめリズムゲーム　40
16　肩たたきゲーム　42

17	手合わせ・わらべ歌タイム	44
18	歌いながら手拍子で遊ぼう	46
19	リズム・マニアⅠ―基礎的なリズムの練習―	48
20	リズム・マニアⅡ―リズムを打とう―	50
Column	リズム・Rhythm・りずむ	52

Chapter 3 歌ったり楽器を演奏したりして楽しもう

21	あいさつの歌で発声名人 …【歌唱】	54
22	誕生月はいつ？―〈一年中のうた〉― …【歌唱】	56
23	おみせやさん―拍の流れにのって遊ぼう― …【歌唱】	58
24	歌や楽器でリレーをしよう …【歌唱と器楽】	60
25	階名唱で合奏名人 …【歌唱と器楽】	62
26	和音の響きを感じて歌おう …【歌唱】	64
27	既習曲でし～ん―サイレントシンギング― …【歌唱と器楽】	66
28	リクエストソング …【歌唱】	68
29	輪唱やパートナーソングを楽しもう …【歌唱と器楽】	70
30	指遊び …【器楽】	72
31	同音リレー …【器楽】	74
32	ロングトーンリレー …【器楽】	76
33	旋律リレー …【器楽と音楽づくり】	78
34	ベルやチャイムでⅠⅣV$_7$Ⅰ …【器楽】	80
35	メチャメチャケチャ …【歌唱と器楽】	82
Column	声の力	84

Chapter 4 みんなで楽しい音楽をつくろう

- 36 楽器は音の玉手箱　86
- 37 リズムパターン遊び1　88
- 38 リズムパターン遊び2　90
- 39 名前リレー　92
- 40 まねっこリズム　94
- 41 指揮者遊び　96
- 42 1分間ミュージック　98
- 43 ベルやチャイムでメロディづくり　100
- 44 音のトークショータイム　102
- 45 ジャズ風即興をしよう　104
- Column　大切なのは，表現したい気持ちにいたる内面のプロセス　106

Chapter 5 いろいろな音楽を聴いて楽しもう

- 46 あるキング―音楽に合わせて歩いてみよう―　108
- 47 いろいろな拍子で指揮をしてみよう　110
- 48 クイズ何拍子？―指揮してみよう―　112
- 49 体で音楽を感じよう　114
- 50 5分間鑑賞タイム　116
- Column　共有される古典に　118

付録　リッスンタイムおすすめ曲40一覧　119
　本書で紹介しているアクティビティの原実践に関して　126
　執筆者紹介　127

Chapter 1

音を感じて楽しもう

音そのものをよく聴き，好きな音を見つけたり，音からイメージをしたりする力を育みます。

 どんな感じがするかな
—音素材で遊ぼう—

「静かな中で」「音源は見えないように」音そのものの面白さに出会います。面白さを言葉にして，共感します。

> 対象 低学年　領域・分野 すべて（音を感じる）
> 要素 音色，強弱，リズム

 やってみよう！

❶　新聞紙やペットボトル，一弦箱など，さまざまな音素材を準備します。
❷　児童からは楽器が見えないように，カーテンなどで仕切りをします。
❸　教師が音素材を使って音を出します。
　例）新聞紙をくしゃくしゃと丸める

　例）クリップや小豆を入れたペットボトルを大きく振る

❹　音を出した後，さまざまな感じ方を発表し合うと，感じ方の違いに気付くことができ，音に対するイメージが広がっていきます。
❺　さらに，どのように音を出していたか，問いかけることで，音の素材や，演奏の方法に関心が向いていきます。

10

こんな力が身に付きます！

・さまざまな音色を注意深く聴く力。
・音から自分なりのイメージを広げる力。
・音を大切にし，仲間とイメージを共有したり，共感したりする力。

 こんな活動に発展！

・児童が，音素材を使って音を出す立場になって，「どんな感じがしますか？」と聞き，イメージを発表し合った後，自分がどんなイメージで音を出したのか伝える活動もできます。思いや意図をもって，主体的に音楽づくり，表現をすることにつながっていきます。

|音楽づくり| さまざまな音素材を使って，自分だけの楽器をつくり，音づくりをすることができます。

|歌唱・器楽| よりよい音色，思いや願いに合う音色を求めて表現することにもつながっていきます。

取り組みのポイント↓

☑ 自分なりのイメージを膨らませるために，まずは，耳で聴いて感じ取ることが大切になります。しーんとした静かな状態で聴くことができるような，環境づくりをしましょう。

☑ 1つの音素材でも，動かし方によって音色が変わってきます。1つの音素材から，さまざまな音を出し，イメージの違いを楽しむのもよい活動です。

☑ 活動❹と❺を行うことにより，「自分もやってみたい！」「自分だったら……」と，一人ひとりの音楽づくりへの意欲が一層高まります。

（高田　芙美香）

音のビタミンシャワー1
―教師が音を紹介する―

教師の「いいな」と思う音を児童に紹介します。児童は感じ取り方が違うことに気付き，お互いを認め合います。

| 対象 | 全学年 | 領域・分野 | すべて（音を感じる） |
| 要素 | 音色，強弱 |

 やってみよう！

❶ 教師は次のように児童に話します。「今から先生が音を出しますから，目を閉じてじっと聴いてください。でも，音当てクイズではないので，先生が何を使って音を出しているかではなく，音だけに心を集中してください。後でどんな感じだったかを教えてください。」

❷ 児童は，机（いす）にうつぶせになり，目を閉じます。

❸ 教師はあらかじめ用意しておいた，自分が「いいな」と思う音を児童一人ひとりに聴かせるようにして，教室を回っていきます。

❹ 音を出し終わったら「終わりです」と伝えます。児童は姿勢をもどします。

❺ 児童に感じ取った音についての感想を述べてもらい，お互いの感じ方の違いに気付くようにします。

❻ 最後に使った音具を紹介し，目で確かめながらもう一度音を聴きます。

【おすすめの音具】
・金属製のサラダボウル：少量の水を入れ，手のひらでサラダボウルの底を軽くたたきながら揺らします。
・工作用紙：縦半分の大きさに切り，端をつまんで細かく震わせます。
・平たい瓶：平べったいポケットウイスキーなどのガラス瓶に水を入れ，ほぼ水平にして揺らしながら木琴のマレットでたたきます。
・2つの空き缶：空き缶の底をもう1つの空き缶の底の端でこすります。
　大切なのは音を出す人が「いいな」と思う音を聴かせることです。

こんな力が身に付きます！

・音を注意深く聴く力。
・自分のイメージで音を感じ取る力。
・自分の感じ方を言葉で伝え合い，互いの感じ方を認め合う力。

 こんな活動に発展！

・「3　音のビタミンシャワー2」の児童が教師役に回り，「自分がいいなと感じる音」を聴かせる活動に発展できます。

取り組みのポイント

☑　音当てクイズではないので，どんな物を使って音を出しているのかとは考えず，「聴こえた音を体全体で感じる」ように児童に伝えます。

☑　足音が気になる場合は靴などを脱いで行います。また，音の大きさに応じて，児童の耳からの距離を判断して音を出します。

【発問例】
・「目を閉じて静かにすると，音がとてもよく聞こえてくるよ」
・「どんなことが頭に浮かんでくるかな？」
・「どんな感じがするかな？　不安な感じ？　さわやかな感じ？」
・「音を聴いて自分が感じたことを後でみんなに伝えてね」

【児童の感想例】
・「体が浮き上がるような感じ」
・「力が抜けてしまう音」
・「水の中で泡がたくさん出てくるみたい」
・「宇宙人がおしゃべりしているよ」
・「くすぐったくなる音」

（横川　雅之）

3 音のビタミンシャワー2
―児童が見つけた音を紹介する―

教師から紹介された「いいな」の音を十分体験したら、今度は、児童が「いいな」と思った音をお友達に紹介します。

|対象| 全学年　|領域・分野| すべて（音を感じる）
|要素| 音色，強弱

 やってみよう！

「2　音のビタミンシャワー1―教師が音を紹介する―」の活動に慣れてから実施します。

❶　音を聴く側の児童は、机（いす）にうつぶせになり、目を閉じます。
❷　音を聴かせる側の児童（1～数人）は、持ってきた音具で音を出しながら、一人ひとりに音を聴かせるようにして、教室を回っていきます。
❸　音を出し終わったら「終わりです」と伝え、音を聴いた児童は姿勢をもどします。
❹　感じ取った音について感想を述べ合い、それぞれの感じ方の違いに気付くようにします。
❺　最後に、使った音具を紹介し、目でも見ながらもう一度音を聴きます。

ペンケースに付いているストラップを揺らして

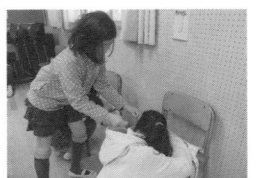
輪ゴムとクリップで

ホチキス（バネ）の音

2つのノリの容器のふたをこすり合わせる音

ガラス瓶の底を鉛筆でこする音

こんな力が身に付きます！

・音を注意深く聴く力。
・自分のイメージで音を感じ取る力。
・自分の感じ方を言葉で伝え合い，互いの感じ方を認め合う力。

 こんな活動に発展！

・「44 音のトークショータイム」の，紹介したい音同士を即興的に重ね合わせ，簡単なアンサンブルをつくる活動に発展できます。

取り組みのポイント↓

☑ 音当てクイズではないので，どんな物を使って音を出しているのかとは考えず，「聴こえた音を体全体で感じる」ことに集中するようにします。

☑ 聴かせる児童は決められた順路で教室を回り，聴いている児童の体に触れないようにして音を出します。

☑ 出している音の大きさに応じて，聴いている人の耳からの距離を判断して音を出します。

☑ 音を聴かせる人が2人以上の場合は，2メートル以上離れて音を出すようにします。

☑ 自分の足音に気を付け，できるだけ静かに回るようにします。

☑ 活動に慣れてきたら，活動❹のとき，聴いた児童は自主的に手を挙げ，聴かせた児童が順に指名するようにして，児童同士で活動を進めるようにします。

☑ 音を紹介した児童に，どうやってその音を見つけたのかを聞くのもいいでしょう。

☑ 教師は児童の感想について，よいところを見つけ，その価値を他の児童に伝えるようほめてください。

（横川　雅之）

4 手拍子まわし
―声まわし，音まわし―

「タンタンタンタン…」手拍子や声，楽器で拍をまわしていきます。間を感じたり，音を重ねたりとさまざまな活動に発展できます。

対象	全学年	領域・分野	音楽づくり
要素	音色，リズム		

やってみよう！

❶　全員で輪をつくり，リーダー（教師）から順に1人1発ずつ手拍子を打ち，リレーのようにつないでいきます。一周できたら，できるだけ速く手拍子をまわすようにすると，より集中して音をつなぐことができるようになります。

【バリエーション】
　速く手拍子をまわせるようになったら，さまざまなバリエーションを試してみましょう。

❷　音色を工夫して：打ち方を工夫して手でさまざまな音色を出せることを試してから，お気に入りの音を使って手拍子まわしをします。

❸　間を感じて：前の人が出す音を聴いて，自分の出したいタイミングで手拍子を打ちます。伸び縮みする手拍子のリズムが生まれます。

❹　音を重ねて：手拍子をまわして数人進んだところで別の音（手をこする音，シュッという息の音，アッという声など）を追いかけてまわすようにします。右側には手拍子，左側には声，のように異なる音をそれぞれ反対方向にまわすと，途中で音が交差するため，よりワクワクして取り組むことができます。

❺　音を伝える方向を変えて：手拍子をまわす方向を左右どちらか選べるようにします。まわしたい方向に体を向けて音を出します。音が行ったり来たりするのを楽しむことができます。

こんな力が身に付きます！

・集中して音を聴き，参加者全員で音を楽しむ力。
・即興的に音のアイデアを出して表現する力。

 こんな活動に発展！

・学級全体が一体感をもつことができる音楽ゲームのため，さまざまな音楽づくりのウォーミングアップに使うことができます。例）手拍子まわしをした後，「40 まねっこリズム」の活動を行い，その後，手拍子のリズムアンサンブルづくりを行う。
・手拍子以外に，声，身の回りの物，小物打楽器などさまざまな音素材で同様の活動ができます。例）児童のいすを打楽器代わりに使う。
・ベルやチャイムで旋律づくり
　①8人の児童がレ，ミ，ファ，ソ，ラ，シ，ド̄，レ̄の音のベルやチャイムを1人1本ずつ持って横一列に並びます。
　②「レまたはラから始め，レで終わる」というルールで，となりに音をバトンタッチしながら即興的に旋律をつくっていきます。
　③慣れてきたら「間を工夫する」「1人2回鳴らしてもよい」など新しいルールを加え，バトンタッチはアイコンタクトで行います。

取り組みのポイント

- ☑ 全員が終わるまで他の音を出さず，最後まで聴くことを約束して活動に入ります。一周したら面白い音が出た場面を振り返り，どんな音の出し方をするとより面白くなるかを意識できるようにしていきます。
- ☑ うっかり間違えるなどさまざまなハプニングが起こりがちです。失敗ととらえず，ハプニングを楽しみながら次の活動へつなぎます。
- ☑ 児童のアイデアを取り入れながら音やルールを工夫し，ゲームを進めましょう。

（石井　ゆきこ）

5 楽器当てクイズ
―この音色は？―

楽器の音色と楽器名を一致させるゲーム形式の活動です。楽器名がわかると，新しく聴く音楽にもすぐに親しめるようになります。

対象 **高学年**　領域・分野 **鑑賞**
要素 **音色**

やってみよう！

❶ 楽器カード（バイオリン・ビオラ・チェロ・コントラバスの弦楽器，フルート・クラリネット・オーボエ・ファゴットの木管楽器，トランペット・ホルン・トロンボーン・チューバの金管楽器）を準備します。

【カードの拡大】

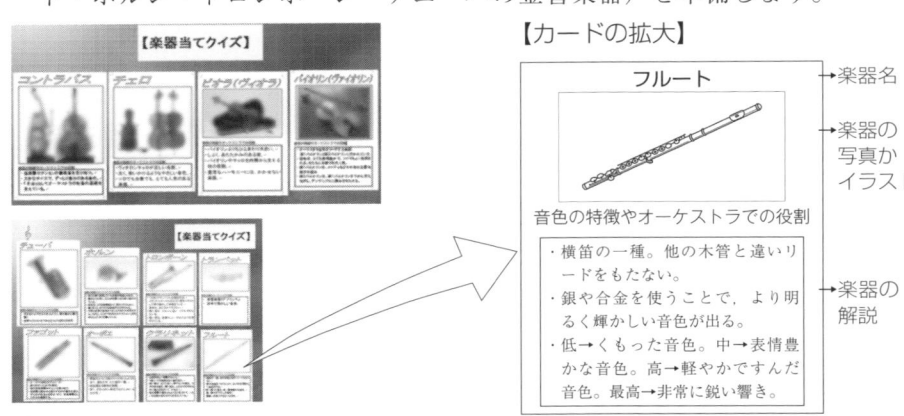

❷ 机の上に上記の12枚を並べます。

❸ さまざまな曲をかけて，その曲を演奏している楽器カードを選びます。

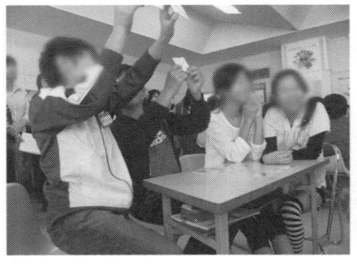

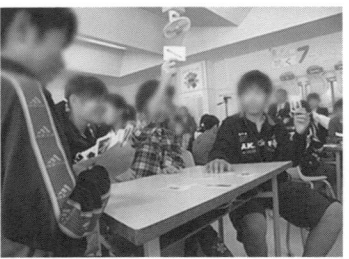

・カードを使って（かるたと同じように）ゲーム形式で学べます。
・グループでの活動ができるため，どの子も参加ができる活動です。
・カードには楽器の名前だけではなく，音色の特徴を付け加えて書いておくと，そのカードを選んだ理由を要素（音色）から学ぶことができます。

 こんな力が身に付きます！

・音色の美しさを感じ取りながら音楽を表現する力。
・音色の重なりを意識して歌ったり，演奏したりする力。
・重奏やオーケストラなど異なる楽器の音色の重なりを聴く力。

 こんな活動に発展！

・「音色の美しさ」を感じ取ることをベースに，合唱や合唱奏，合奏の活動へつなげることで，さらに次のように発展できます。

|歌唱・器楽| 〈翼をください〉などの合唱曲や合奏曲それぞれの楽器（歌唱）の音色の美しさを生かし，重ねて演奏する力を高めます。

|鑑賞| パーセルの主題による〈青少年のための管弦楽入門〉などの鑑賞曲を聴かせ，それぞれの楽器の音色の美しさやオーケストラの音色の美しさを聴いて鑑賞の力を高めます。

取り組みのポイント⬇

☑ クイズに出題する曲を工夫して，聴く力をつけます。たとえば，独奏を聴いた後に，重奏（異なる楽器1つずつ，または同一楽器2つ以上）を聴かせることによって，音色の重なる美しさを感じ取ることができます。

☑ 出題する曲は，子どもたちになじみのある曲や好きな曲を選曲すると活動が生き生きとします。そして，子どもたちの音楽への興味もさらに広がります。

☑ さまざまな楽器の音色の美しさを感じ取りつつ，その特徴（楽器の大きさや音の高低）などを理解させるとさらに学びのある活動になります。

（竹井　秀文）

音は体と心で感じるもの

子どものとき聴覚を失いながらも世界で活躍する打楽器奏者，エヴリン・グレニーさんは言っています。「音は体に触れてくるもの。ときには音に顔をたたかれることもあります。私は自分のほうに来るすべてに心身を開いていたい」 そうです！音は，身体で・心で，感じるもの。耳で聴くだけではないのですね。

Chapter 2

リズムにのって体を動かそう

拍の流れにのって音楽を聴いたり演奏したりするということは，集団で学ぶという特性のある学校の音楽の授業では，基本といってもよいことです。低学年から積み上げていきたい活動です。そして，音楽に合わせて体を動かすと，音楽の特徴がよく実感できます。ここでは，さまざまな体を動かす活動を紹介しています。

楽器の音で動こう

楽器のもつ音色の特徴や楽器を打つリズムの特徴をとらえて体を動かします。音の特徴を感じ取る力が伸びます。

対象	低学年	領域・分野	すべて（音楽づくり・鑑賞）
要素	音色，リズム		

やってみよう！

❶ 教師のトライアングルの音に合わせて，児童が体を動かします。

発問「今から先生が鳴らすトライアングルの音に合わせて指を動かしてください」トライアングルを鳴らすときには長く響く音，短く切る音などさまざまな音を混ぜるようにします。

❷ 指だけで音に合わせて動かすことができたら，次は腕だけ，足だけ，腰だけ，というように，いろいろな体の部分で同様に音に合わせて動きます。

❸ 楽器の音に合わせて体の一部を動かす活動に慣れたら，楽器の音に合わせて「音楽室のさんぽ」をします。友達とぶつからないように気を付けて，体全体を動かしましょう。

❹ 楽器を鳴らす役を児童2名が担当します。1人がトライアングル，1人がウッドブロックというように違う音色の楽器を担当し，それぞれの鳴らす音に合わせて動きます。トライアングルが鳴ったら動く子，ウッドブロックが鳴ったら動く子とグループ分けして動いても楽しいです。

こんな力が身に付きます！

・音を聴いて反応する力。
・楽器の音色の特徴を感じ取る力。

 こんな活動に発展！

　この活動を行った後，さまざまな小物打楽器で音の出し方を楽しむ音遊びをしたり，打楽器が活躍する音楽を聴く活動に発展できます。

|音楽づくり|　輪になるようにいすを並べ，その下に小物打楽器を1つずつ置きます。座ったいすの下に置いてある楽器を1人一音ずつ鳴らします。一周したら，違う鳴らし方をします。何回か試したら，となりの席にずれて別の楽器で同様の活動をします。

|鑑賞|　トライアングルでこの活動を行った後，アンダソン作曲〈タイプライター〉を聴きます。「チンという音がしたら指を動かしましょう」と声をかけ，楽曲の中に現れるトライアングルの音色とリズムに注目して聴きます。アンダソン作曲〈シンコペーテッド・クロック〉で，ウッドブロックやトライアングルの演奏のまねをしながら聴く活動に発展することもできます。

取り組みのポイント

☑　低学年の児童は音に合わせて動く活動が大好きですが，ついつい興奮して声や音を立ててしまったりします。活動に入る前に「音をよく聴くために，声や足音などを出さない」という約束をします。

☑　スタンドシンバルのように伸びる音，短い音などさまざまな音を鳴らしやすく，強弱をつけられる楽器で行うと効果的です。トライアングルとウッドブロック，シンバルとボンゴのように異なる音色の楽器を交互に演奏して，それぞれの音に合う動きを工夫します。

（石井　ゆきこ）

今日のリズム
―言葉とリズム―

リズムに言葉をつけてリズム模倣をすることで，楽しみながらリズムの特徴をとらえます。その後の表現活動に生きて働きます。

対象	中学年・高学年	領域・分野	歌唱，器楽
要素	リズム	仕組み	問いと答え

 やってみよう！

❶ 教師が手拍子で示すリズムを児童が模倣する活動です。授業のはじまりのあいさつの後に継続して行います。

❷ 手拍子に言葉も加えて示すことで，児童がリズムを覚えやすくします。

【今日のリズム（言葉とリズム）例】

① ジャンプ ジャンプ ジャンプ ジャンプ お わ り （弾む感じ）

② スキッ プ スキッ プ スキッ プポン （大きく弾む感じ）

③ トマト トマト トマト トマト おわります （三連符のリズム）

④ ポテト チップ ポテト チップ ポテトチップス （三連符と弾むリズムを組み合わせて）

⑤ ボーーン ボーーン トントントン （伸ばす音符の意識）

⑥ アンパン ジャムパン クリームパン （食べ物のリズムでリズム遊び）

⑦ マリオ ルイージ ピーチひめ （ゲームのキャラクターを使ったリズム遊び）

⑧ ディアルガ パルキア ダークライ （ポケモンのキャラクターを使ったリズム遊び）

こんな力が身に付きます！

・言葉遊びの感覚のため，音楽の学習に苦手意識のある児童も楽しく取り組むことができ，リズム感覚が身に付きます。
・教師のリズムをまねるので，聴く力が身に付きます。
・いろいろなリズムパターンの習得が，その後の歌唱や器楽演奏に役立ちます。
・リズムによって生まれる曲想をイメージする力がつくので，音楽表現の工夫をする力が養われます。

 ## こんな活動に発展！

・歌唱〈世界中の子どもたちが〉〈こいのぼり〉，器楽〈ミッキーマウスマーチ〉などでは，ジャンプのリズムを思い出して，弾むように歌ったり演奏したりできるようになります。
・〈威風堂々〉の混乱しやすい「♫ ♩」と「♪ ♩ ♪」のリズムも「マリオ」「ルイージ」で解決します。
・たくさんの言葉遊びでリズムに親しみリズムの感覚が十分に身に付くと，音符と長さの関係を学びやすくなり，音符を意識するようになります。

取り組みのポイント ↓

☑ まずは手拍子で提示してリズム模倣に慣れるとよいと思います。
☑ リズムに合った言葉をいろいろ考えてみてください。ときには児童が興味をもっているキャラクターなども使うとやる気倍増です。
☑ 手をたたくときには，長い音符は大きく円を描くように打つことで，音を伸ばす感覚を体感できます。

（田村　留美）

今日のリズム
―拍の強弱―

手拍子をグーとパーでたたき分けることで、拍子のもつ特徴を理解しやすくなります。ポップスに合う手拍子も簡単に実現できます。

| 対象 | 中学年・高学年 | 領域・分野 | 歌唱，器楽 |
| 要素 | リズム，強弱 | 仕組み | 問いと答え |

やってみよう！

❶ 教師が手拍子で示すリズムを児童が模倣する活動です。授業のはじまりのあいさつの後に継続して行います。

❷ 手拍子を打つときに左手はパーのままで，右手をグーの手やパーの手で手拍子することで強弱を生み出します。

【今日のリズム（拍の強弱）例】

① （3拍子）
　　　パーグーグー ｜ パーグーグー
　　3/4 ♩ ♩ ♩ ｜ ♩ ♩ ♩
　　　　＞　　　　　＞

② （1拍目が強い2拍子）
　　　パーグー ｜ パーグー ｜ パーグー ｜ パーグー ｜
　　2/4 ♩ ♩ ｜ ♩ ♩ ｜ ♩ ♩ ｜ ♩ ♩ ｜
　　　＞　　　＞　　　＞　　　＞

③ （ポップスに合う2拍子）
　　　グーパー ｜ グーパー ｜ グーパー ｜ グーパー ｜
　　2/4 ♩ ♩ ｜ ♩ ♩ ｜ ♩ ♩ ｜ ♩ ♩ ｜
　　　　＞　　　　＞　　　　＞　　　　＞

④ （8ビート）
　　　ググパググググパグ ｜ ググパググググパグ
　　4/4 ♫ ♫ ♫ ♫ ｜ ♫ ♫ ♫ ♫
　　　　　＞　　　＞　　　　＞　　　＞

26

こんな力が身に付きます！

・拍のどこを強くするかによって，音楽の特徴が現れます。3拍子や2拍子，ポップスで使う拍の特徴などを感じ取る力がつきます。
　例）
　●〈ふるさと〉→ パーグーグー ｜ パーグーグー ｜
　●〈この山光る〉→ パーグー ｜ パーグー ｜
　●ポップスは偶数拍を強く感じるため， グーパー ｜ グーパー や
　　ググパググパグ が合います。
・特徴を感じて，音楽表現を工夫する力が身に付きます。

 こんな活動に発展！

・映画音楽〈ゴジラのテーマ〉を思い浮かべてください。2拍子＋2拍子＋3拍子＋2拍子でひとまとまりになっています。この曲を器楽合奏するときに，練習の中で以下のようなことを体験することで拍の流れにのって演奏できます。
　パーグー ｜ パーグー ｜ パーグーグー ｜ パーグー

・〈ゆかいに歩けば〉を歌うときは，ポップスに合う2拍子が合い，生き生きとした感じになります。
　グーパー ｜ グーパー

・〈パフ〉を器楽合奏する場合には，8ビートにするとカッコよくなります。
　ググパググパグ
　上の感じを生かし，タンバリンやトライアングルを入れてみてください。

取り組みのポイント↓

✓　先生のまねをする活動ですが，範唱CD，範奏CDなどを聴きながら，その音楽に合うグーとパーで手拍子する活動も楽しく力がつきます。

（田村　留美）

9 2拍子と3拍子の違いを感じ取ろう

2拍子と3拍子を手の動きで表現します。聴いて，判断して，動いて，お友達の動きを見て，と多様な活動で楽しく拍子を実感します。

|対象| 低学年　|領域・分野| 歌唱，器楽
|要素| 拍の流れ

🎵 やってみよう！

❶　4人グループになり，お互いが向き合うようにして立ちます。

❷　教師が弾く2拍子のピアノを聴いて，何拍子かを感じ取ります。

❸　1番の人はピアノに合わせ，2拍分，腕を横に伸ばし，2番の人に音を渡します。2番の人は音を受け取って，2拍分，腕を横に伸ばし，3番の人に音を渡します。4人順番にこれをまわします。指先は，自分の肩から出発し，拍子に合わせて弧を描くようにして次の人の肩先に到着させます。3拍子なら3回目のバウンドが次の人の肩，ということです。

2拍子のときの動き

❹　慣れてきたら，教師が2拍子→3拍子→2拍子というように，拍子を変えてピアノを弾き，拍子の変化や拍感を楽しみましょう。

🎵 こんな力が身に付きます！

・拍の流れにのる力。
・拍子の違いを感じ取る力。

こんな活動に発展！

・腕を肩から肩へ横に伸ばすだけでなく，斜め下方や，斜め上方などと決めて伸ばしていっても，動きが出て面白いです。

・2人ペアで活動することもできます。4人グループのときよりも，自分の順番が回ってくるのが早いので，難しくなります。拍にのる力だけでなく，瞬発力や，判断力も求められるようになります。中学年以上で挑戦してみましょう。

・4拍子や，3＋2の5拍子などでもできます。5拍子の場合は，「1・2・3・1・2」と数えるのがよいでしょう。中学年以上で挑戦してみましょう。

取り組みのポイント⇩

✅ ピアノを弾く先生は，児童が2拍子や3拍子の拍子を感じ取れるように，強拍・弱拍をはっきりと弾いてください。また，適度な速さを保ってください。何か曲を弾いてもいいですし，Ⅰ－Ⅳ－Ⅴ－Ⅰの和音を，2拍子なら2回ずつ，3拍子なら3回ずつ弾いて，循環コードにしてもよいです。

【2拍子のピアノ演奏の例】

✅ はじめは2拍子，次に3拍子，そして2拍子と3拍子というように，ステップを踏んで進むとうまくいきます。

✅ いっしょに活動するグループのみんなが，拍をしっかり感じ，のっていることが大切ですね。

（高田　芙美香）

手拍子まわしでクレシェンド・デクレシェンド

1人で ＜ ＞ をするより，難しいけれどずっと楽しい！グループで協力して強弱の変化を手拍子まわしで表現します。

対象	高学年	領域・分野	歌唱，器楽
要素	拍の流れ，強弱の変化		

 やってみよう！

手拍子まわしのバリエーション事例です。手拍子をまわすとき，数人ごとに前の人より少し強い（弱い）音で手を打つことによって，手拍子のクレシェンド（デクレシェンド）をつくり出します。

❶ 全員で内側を向いた円になります。そして，１２３４５１２３４５と番号を5人ごとに言っていきます。自分の番号を確認できたら，8拍をひとまとまりとして，規則的な手拍子まわしをします。このとき，5人までは手拍子をしますが，1→2→3→4→5→⑥→⑦→⑧と⑥⑦⑧の拍は，全員心の中で感じるだけで，誰も手拍子はしません。

❷ この流れができるようになったら，次は，1の人から5の人まで，前の人より少し手拍子の音量を大きくしてクレシェンドをつくります。⑥⑦⑧拍のところは沈黙して心の中で拍を感じ，また次の1の人から「5拍でクレシェンド，3拍休み」とします。音量に合わせ，手拍子をする体の位置も，1の人から5の人にかけて，少しずつ上げていくとよいでしょう。1の人はおへその辺り，5の人は顔の辺りになるように。

❸ 同じやり方で，デクレシェンドをつくることができます。さらには，クレシェンド，デクレシェンドを交互に行うといいでしょう。

 こんな力が身に付きます！

・アンサンブルを行うとき，全体の中で自分の出している音量を，正しくモニターする力。
・音量のコントロールに必要な調整力。

 こんな活動に発展！

・小学生では難しいかもしれませんが，この活動をマスターできたら，5拍＋3拍のパターンを脱し，8拍全部を使った，より長いクレシェンド，デクレシェンドを交互にくり返します。休む拍は無しになります。
・究極は，自分に番号を付けるのもやめ，拍の流れを感じながら，前の人の音（音量）をよく聴いて自分の音を出しましょう。

取り組みのポイント

☑ 円の中心に向かい，まっすぐ立った姿勢をくずさないでやるのがコツ。顔の向きだけは動かしてもよいです。
☑ 初めて行うときには，ルールを理解するため，3人ごとに１２３１２３１２３……と番号を言って，自分の番号を確認します。手拍子を規則的な等拍でまわしていきますが，1の人は弱く，2の人は1の人より少し強く，3の人はさらに強く手を打ちます。すると１２３・１２３は弱中強・弱中強となり，１２３の間にクレシェンドが感じられます。
☑ 慣れてきたら本格的に，少し長いスパンでのクレシェンドやデクレシェンドに挑戦します。
☑ 難しい活動なので，手拍子ではなく声で1～5をまわすだけでも構いません。

（阪井　恵）

何拍子だって「まかせなさい！」

手拍子まわしというより「拍子まわし」!? 手拍子まわしをしながら，指示された拍子に変化させます。1拍目を強く打ちます。

対象	低学年・中学年	領域・分野	歌唱，器楽，音楽づくり
要素	拍の流れ		

 やってみよう！

手拍子まわしのバリエーションです。

❶ 全員で内側を向いた円になります。規則的な手拍子まわしをします。
❷ まわし方が拍にのって安定したら，先生は，真ん中で，指で「2」，「3」，「4」などと示します。「2拍子！」「3拍子！」などと声で指示を出しても構いません。

児童はそれを受けて，2拍子であれば「**1** 2 **1** 2」のように，強拍の人，弱拍の人の区別をつけながらまわしていきます。

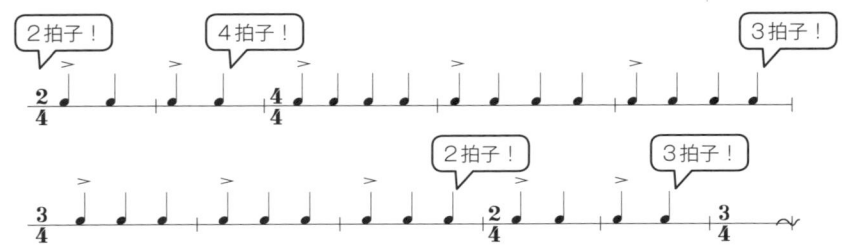

こんな力が身に付きます！

・拍を体感し，その流れを止めないでつないでいく力がつきます。
・単純な２拍子，３拍子，４拍子などにおいても，強い拍と弱い拍を意識する習慣が養われます。強い拍／弱い拍，あるいは重い拍／軽い拍，という意識をもてるようになると，やさしい単純な曲の演奏が大変生き生きします。
・先生からの指示に，瞬時に反応する必要があるので，集中力が養われます。

 こんな活動に発展！

・上手になったら，中学年では「５拍子」を入れてみるとエキサイティングで楽しいです。
・真ん中で指示を出す先生の役は，適切なタイミングで「○拍子！」と言う，あるいは指で「２」や「３」などと示さなければなりません。これはあまり簡単ではありません。児童・生徒が先生役をこなせるようになると，素晴らしいです。少しずつ試してみてはどうでしょう。
・始業時の準備体操のような活動として楽しいですが，実際に歌ったり演奏したりするときに生かさなければ意味がありません。この活動で終わらずに，曲を演奏するときに思い出し表現に生かしましょう。たとえば「白くまのジェンカ」を歌ったり演奏したりするとき，「１　２　」を意識すると，今までよりもっと生き生き楽しい音楽表現になります。

取り組みのポイント↓

☑ みんなで「１　２　１　２」「１　２　３　１　２　３」などと声を出しながら，手拍子するのもいいですね。

（阪井　恵）

まねっこ遊び
―先生のリズムをまねしてくり返そう―

教師のたたくいろいろなリズムパターンをまねっこします。活動を重ねることで，細かい音符や休符が入っているリズムにも親しめます。

| 対象 | 低学年・中学年　領域・分野 すべて（体を動かす活動） |
| 要素 | リズム，速度　仕組み 問いと答え |

 やってみよう！

授業中など，普段からこの遊びを提示する習慣をつけておくと，「静かに」「こちらを向いて」と言わずとも児童たちが自然と教師に注目できます。

❶ 教師が，たとえば○○○●（タンタンタンウン）のリズムを手拍子などで示し，それを児童が続けて○○○●（タンタンタンウン）とリズムを模倣して打ちます。

【音譜や休符をリズム唱で表現する仕方の例】

　　　♩　　♪　　𝄽　　ッ　　♫　　♬
　　タン　　タ　　ウン　　ウ　　タタ　タカタカ

❷ 次のようなリズムで，提示してみましょう。

例）
　♩　♫　♩　𝄽　　　♩　♫　♩　𝄽
　タン タタ タン ウン　タン タッカ タン ウン

　♫　♫　♩　𝄽　　　♬　♫　♩　𝄽
　タタ タタ タン ウン　タカタカ タタ タン ウン

❸ 提示する速度を変えたり，同じ手拍子でも5本の指～4本～3本～2本とリズム打ちする指を変えていき，速度や強弱の違いを感じ取ることができるようにします。

こんな力が身に付きます！

・リズムを聴き取って模倣する力。
・リズムの違いや速度・拍子を感じ取り，表現する力。

 こんな活動に発展！

・いろいろなリズムパターンを聴き取ることで，自らリズムづくりをしようとするときに，表現のレパートリーが広がります。
・聴き取ったリズムに当てはまるカードを探す活動を取り入れることでゲーム感覚で楽譜に親しむことができます。

取り組みのポイント

- ✓ まず，四分音符を中心とした簡単なリズムで始めましょう。次第に，音符を細かくしたり，休符を入れたりしてアレンジしていきましょう。
- ✓ 間を空けず，続けていろいろなリズムで取り組んでいくと，ゲームのように楽しみながらコミュニケーションも深まります。
- ✓ 手拍子だけでなく，足や膝なども使いボディパーカッションのようにアレンジしたり，強弱や速度の違いをつけたりすることで，ゲーム感覚で表現に生かしていくことができます。

（過外　美里）

拍の流れで手合わせお尻合わせ

手拍子しながら4拍子の拍の流れにのって教師の指示する拍で手を合わせたり，お尻を合わせたり。高度なのに楽しく盛り上がれます。

| 対象 | 中学年・高学年 | 領域・分野 | すべて（体を動かす活動） |
| 要素 | リズム，拍の流れ |

やってみよう！

❶ 子どもたちは円形に並びます。そして，下図の●同士，○同士は向かい合うようにします。●と○は背中を向け合う形になります。

❷ 先生は，手拍子をしながら「1　2　3　4　1　2　3　4」と8拍分を数えます。そのとき，2回目の「1　2　3　4」のどれか1つを，特に大きな声などで強調します。子どもたちはそれを聴き，強調された拍のところで，向かい合った相手と手合わせをします。

先生：1　2　3　4　1　2　**3**　4
生徒：1　2　3　4　1　2　**3**　4
（**3**のところで●同士，○同士が手合わせ）

❸ 慣れたら次は，同じことを手合せではなく，●と○の組み合わせによる「お尻合わせ」にしてみましょう。

先生：1　2　3　4　1　**2**　3　4
生徒：1　2　3　4　1　**2**　3　4
（**2**のところで，背中合わせの●と○が軽くお尻合わせ）

❹　次は，手合わせとお尻合わせが交互にくるルールで行います。まずは手合わせからスタート。

先生：1　2　3　4　**1**　2　3　4
生徒：1　2　3　4　**1**　2　3　4
（**1**のところで●同士，○同士が手合わせ）
先生：1　2　3　**4**　1　2　3　4
生徒：1　2　3　**4**　1　2　3　4
（**4**のところで，背中合わせの●と○が軽くお尻合わせ）

以下同様にして，手合わせとお尻合わせが交互にくるように，進めます。

🎵 こんな力が身に付きます！

・拍の流れを保ちながら，歌ったり演奏したりする力。

🎵 こんな活動に発展！

4拍子だけでなく，3拍子でやっても楽しいでしょう。3拍子なら「**1**　2　3　**1**　2　3」で，上手になれば，他の複雑な拍子でも可能です。

取り組みのポイント↓

☑　始業時に行うことで，適度に体をほぐすことができます。また友達との協力で笑顔のコミュニケーションも生まれます。

☑　拍の流れを続けることが大切なので，手合わせやお尻合わせによって体勢が崩れてしまうと元も子もありません。特にお尻合わせは，身長もいろいろですから，ちょっとお尻を突き出す程度で，実際にはぶつからなくてもいいのです。「お尻合わせ」の代案としては，次の活動が楽しく取り組めます。

例）両手を頭にもっていく，片足で軽くタップをする，首だけ回して背中合わせの人を振り向く

☑　♩＝72くらいの速さで，流れを止めないで続けましょう。

（阪井　恵）

14 もちつきゲーム

おもちをつくような上下の拍の裏拍に、手拍子を入れます。グループで工夫して2拍子，3拍子，4拍子の表現につながります。

| 対象 | 低学年 | 領域・分野 | すべて（体を動かす活動） |
| 要素 | リズム，速度，拍の流れ | 仕組み | 問いと答え |

🎵 やってみよう！

❶ AとBの2人組になって向き合います。

❷ Aが両手を大きく上下に広げ，♩＝60くらいを1拍として，一定の拍の流れを感じながら，手拍子をします。

❸ Bは両手を横に広げ，Aの手拍子の裏拍に，Aの手とぶつからないように気を付けながら，もちつきの合いの手のように，手拍子をします。

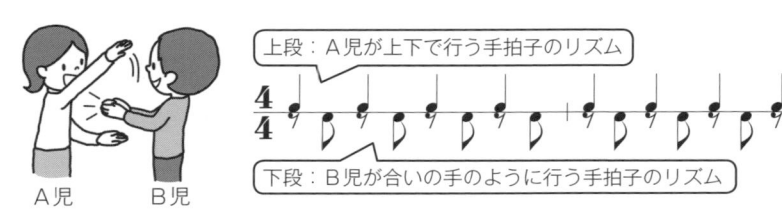

上段：A児が上下で行う手拍子のリズム
下段：B児が合いの手のように行う手拍子のリズム

タイミングをつかむため，こんなかけ声を入れてもよいでしょう。

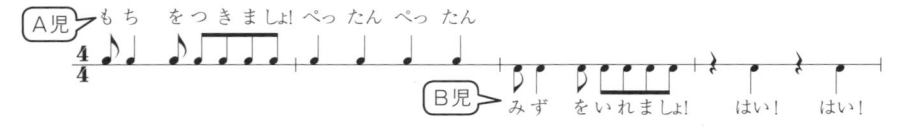

A児：もちをつきましょ！ぺったんぺったん
B児：みずをいれましょ！はい！はい！

- わっぶつかりそうでこわい
- 手をたたくスピードを変えると，友達の手とぶつかっちゃうよ
- ずっと同じ速さでぺったんするといいんだね

こんな力が身に付きます！

・速度，強弱，拍子に合わせて体で表現する力。
・相手と一緒に拍の流れにのって表現する力。

こんな活動に発展！

・一定の速度でリズムを打つ大切さが，コミュニケーションを深める楽しさを味わいながらよくわかり，体得できます。
・Aの人が強拍，Bの人が弱拍を打っていることに気付かせます。次は3人組になり，Aの児童が1拍目を縦の手拍子，B・Cの児童が2・3拍目を順番に手拍子して，3拍子を表現することができます。下の写真では，児童が主体的に4人組に挑戦中です。児童からは「3人でやると3拍子，4人でやると4拍子」というアイデアが生まれました。
・強拍の縦の拍子に弱拍を打つ横の手拍子の児童が♫で手拍子を入れるなど，リズムづくりに発展していきます。

> 手拍子を細かく2つたたいてみても面白いよ♫

> それって，八分音符だね

取り組みのポイント↓

☑ 相手の手拍子とぶつかる気がして，躊躇してしまう児童がいる場合がありますが，ゆっくりの速度から始めて活動に慣れるようにしましょう。

（過外　美里）

15 穴うめリズムゲーム

2つの音節（「すっ」「とん」や「ドン」「カ」など）でできている楽しい言葉を暗記して，音を2人や2グループで分担して表現します。

[対象] **中学年・高学年**　[領域・分野] **歌唱，器楽**
[要素] **リズム**

🎵 やってみよう！

2つのグループまたは2人がペアになり，ひとまとまりのリズムを，互いに，相手が打たない拍（穴）を打つ（うめる）というものです。

❶　2種類の音節（シラブル）から成る，8拍分のリズムフレーズを用意します。たとえば，「すっとんすっとんすっとんとん（うん）」これを暗記します。

❷　暗記できたら，初めは「すっ」のところだけ手拍子をします。できるようになったら，次は「とん」のところだけで手拍子をします。

❸　その後，2つに分かれ，片方は「すっ」，もう片方は「とん」のところで手をたたきます。互いに，相手のリズムの穴うめをすることになります。手拍子ではなく，2人が机などの「同一の場所」を打つようにすると，もし間違えたときは打つ手がぶつかってしまうので，緊張感を高めることができます。

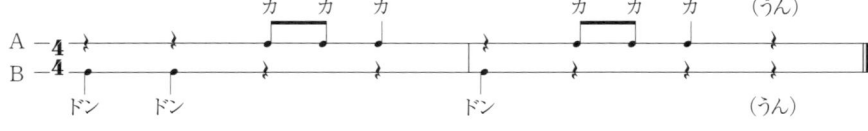

例）

🎵 こんな力が身に付きます！

・さまざまな楽曲に使われているリズムを，ひとまとまりのもの（リズムパターン，リズムフレーズ）としてとらえ，体に覚え込ませ，自然に打てるようになります。小・中学校の教科書に載っている楽曲は，だいたい1，2種類程度のリズムパターンをもとにしています。そのリズムを素早くつかむ力がつき，合唱や合奏の音取りも早くなります。
・祭囃子の太鼓たたき言葉など（例：冒頭の「すっとんすっとんすっとんとん」）も，この穴うめリズムの感覚で学習できます。

🎵 こんな活動に発展！

慣れて上手になったら，同じ8拍分の中に，奇数拍のシラブルも入っているものを試してみると面白いです。

例）「もも　すもも　すもも　すもも　もも　すもも」

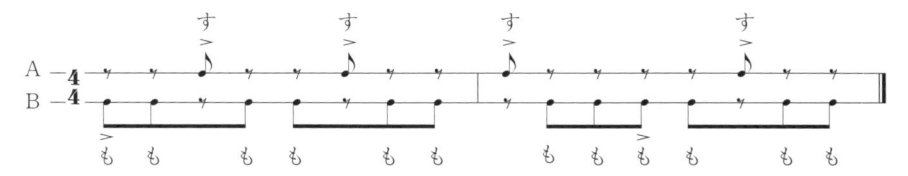

取り組みのポイント ↓

☑　暗誦したあと，2人組ではなく，1人で左右の手を使ってやることもできます。でも，何より友達と組んでコミュニケーションをとるのが楽しい活動ですね。他にもさまざまなシラブルが考えられます。

例）1　（八分音符で）ツツチャチャツツチャチャツツチャチャチャチャツツ
　　2　（八分音符で）カリカリカリリリカリカリカリリン

（「ン」は八分休符で）

（阪井　恵）

16 肩たたきゲーム

4拍子の曲に合わせて，肩たたきゲームをします。初めは8拍を2回，次は4拍を2回……拍の流れにのって楽しく体を動かします。

|対象| 低学年・中学年　|領域・分野| すべて（体を動かす活動）
|要素| 速度，強弱，拍の流れ

🎵 やってみよう！

❶　2人以上でグループをつくり，横並びになって音楽に合わせて1拍ずつ肩たたきをします。

❷　曲が始まり，8拍肩たたきをしたら，180度回転して反対の友達に8拍肩たたきをし，次は4拍−4拍，2拍−2拍，1拍−1拍，手拍子＋1拍休みと方向転換をくり返して，合計32拍の曲を使ってゲームをします。

❸　曲は，〈どんぐりころころ〉〈大きな栗の木の下で〉〈うさぎとかめ〉など4拍子32拍の曲で，児童に親しみのある曲を選ぶとよいでしょう。

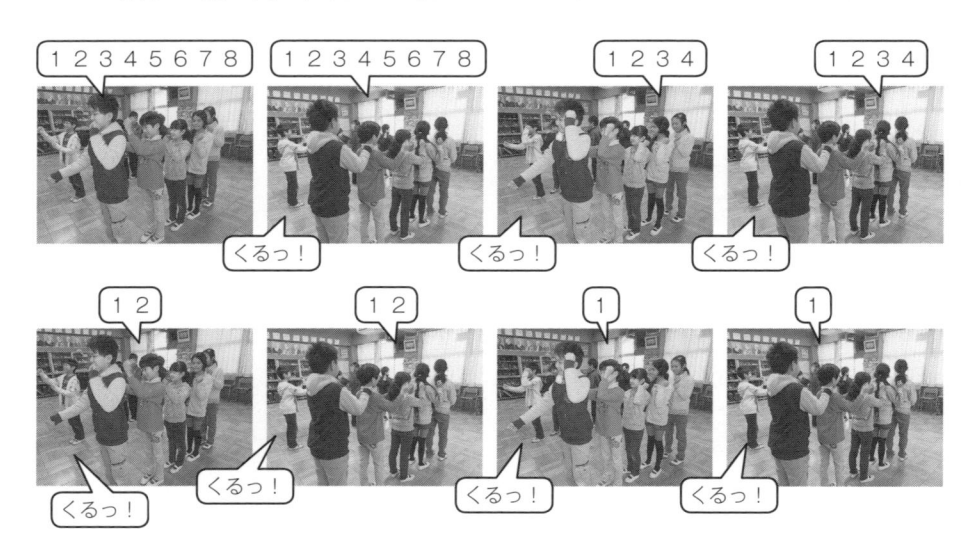

❹ 31拍目を手拍子した後,最後の休符はバンザイをすると終わった感じになります。

こんな力が身に付きます！

・曲に合わせ,一定の速度で拍を刻む力。
・コミュニケーションをとりながら,友達と強弱や速度を合わせる力。

こんな活動に発展！

・さまざまな速度に応じて,拍を一定に表現できるようになるので,歌唱や器楽の表現に生かせます。
・友達とともに速度を意識する経験となるため,今後の合奏や合唱に生かせます。

取り組みのポイント↓

☑ 2人以上なら,何人でも行える活動です。授業の導入などで気軽に取り入れることにより,互いのコミュニケーションが深まり,自然に雰囲気を和ませることができます。

☑ ゲーム感覚の自由な雰囲気の中で友達に肩たたきをすると,必要以上に強く友達の肩を打って,「痛い」という訴えが出たりケンカに発展したりする場合があります。そのようなときは,一度活動を止めて,拍の流れに合わせる大切さと同時に「優しく肩たたきをすること」を指導しましょう。

(過外 美里)

17 手合わせ・わらべ歌タイム

昔から伝わる手合わせやわらべ歌遊びの〈おちゃらか〉〈なべなべ〉を紹介しています。低学年でくり返し楽しみたい活動です。

|対象| 低学年 |領域・分野| 歌唱
|要素| リズム，旋律

♪ やってみよう！

　授業の導入や活動と活動の間などに，2人組で手合わせやわらべ歌遊びをする時間を設け，いろいろな友達と歌遊びを楽しむようにします。
　〈おちゃらか〉ジャンケンをしながら，素早く反応する遊びです。

　　♪せっせせーの　　　よいよいよい　　　おちゃらかおちゃらか　　おちゃらかホイ

　　おちゃらか　勝ったよ／負けたよ／あいこで　おちゃらかホイ

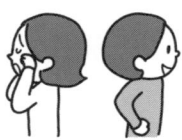

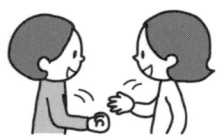

〈なべなべ〉体の動きを使った遊びです。

　♪なべ　　なべ　　そこぬ　　け　　そこが　　ぬけたら　　かえりましょう

　「かえりましょう」で向きを変えます。2回目の「かえりましょう」で元の向きに戻ります。うまくできないときは「くぐるトンネルを決めてごらん」と声をかけます。

🎵 こんな力が身に付きます！

・拍の流れにのって歌ったりリズムを打ったりする力。
・いろいろな友達とかかわり合いながら音楽活動する力。

🎵 こんな活動に発展！

・始めはゆっくりと，慣れてきたらだんだん速度を上げてみましょう。
・２人でできるようになったら，人数を増やしましょう。〈おちゃらか〉は３人組で遊ぶと，より楽しく活動できます。〈なべなべ〉は２人→４人→８人……と増やし，最後は学級全員でやってみましょう。
・〈茶つみ〉〈アルプス一万尺〉のような手合わせができる歌では，自分たちの手合わせをつくる活動に発展させることができます。基本パターンの一部を変えてみることから始めるとやさしく取り組むことができます。また，４人組で行うと手の合わせ方，手の交差の仕方，体の音や体の動きを工夫することができ，中学年も楽しめる活動になります。

取り組みのポイント ↓

- ☑ 自由にグループをつくるとき，なかなか相手を見つけられない児童がいます。相手が見つからないときは指を１本高く挙げて仲間さがしをするようにします。また，１人の子を見かけたらまわりの子から声をかけて仲間に入れてあげるような雰囲気づくりが大切です。
- ☑ 手合わせやわらべ歌遊びに「自分たちの工夫を加える」ことは，友達と意見を出し合いながら表現をつくっていくグループ活動の基礎となります。部分的に変えることから試してみましょう。
- ☑ わらべ歌は同じ歌でも，地域によって旋律や言葉，遊び方が異なることがよくあります。ぜひ，地域に伝わるわらべ歌遊びを取り上げてください。中学年以上で郷土の音楽に親しむきっかけとなります。

（石井　ゆきこ）

Chapter 2　リズムにのって体を動かそう

18 歌いながら手拍子で遊ぼう

既習の歌唱曲で手拍子しながら歌います。自分だけでなく左右のお友達の手も借りて，楽しく拍子感をつかむことができます。

対象　**中学年・高学年**　領域・分野　**歌唱**
要素　**拍の流れ**

🎵 やってみよう！

第5学年の歌唱共通教材である〈こいのぼり〉で例示します。

❶ 〈こいのぼり〉の歌詞唱に慣れます。1番だけでよいので歌詞を覚えます。
❷ いすをぴったりとなりとつけて座ります（横の直線になるように）。
・「左手をお皿のようにして，おへその前にセットしましょう」
・「右手でお皿になっている左手をパンッと打ちましょう」
・「次に，あなたの左となりの友達のお皿の手をパンッと打ちます」
・「次は，あなたの右となりの友達のお皿の手を打ちます」
・「最後に，また自分のお皿の手を打ちます。これで1セットです」
・「さあ，続けてみましょう。自分，左の子，右の子，自分。自分，左の子，右の子，自分。自分……」

❸ スムーズにできている数名に，前でやって見せてもらいます。となり同士でしっかりくっついている方がやりやすいです。離れていると，となりの児童の手のひらは打てません（触る程度になってしまい，音を鳴らすことができません）。また，自分の左手を打ってもらうときに，しっかり手を差し出すようにすると，となりの児童が打ちやすくなります。

❹ 〈こいのぼり〉の歌を歌いながら,打ってみましょう。
・初めはゆっくりやってみましょう。徐々にメトロノームに合わせて伴奏の速度を上げます。速くても正確に打てるように挑戦します。
・全員で立って横一直線に並んで,勝ち残り戦です。速度を上げていき,1回終わるごとに間違ってしまったと自分で思ったら,線から抜けて自席にもどります。歌って応援する人になります。
・みごと,最後まで残った数名には,〈得賞歌(見よ,勇者は帰りぬ)〉でたたえます。

こんな力が身に付きます!

・拍をしっかり感じる力。
・拍の流れにのって,拍打ちができる力。

こんな活動に発展!

楽しみながら,知らず知らず4拍子ができるようになっていますので,いろいろな曲の拍の流れや拍子を,児童が自分で意識して,歌唱や器楽の演奏に生かすことができます。

取り組みのポイント

☑ 人間関係が何となくよそよそしい学級にこそおすすめです。成功させるには,友達との間隔を詰めるしかなく,やっているうちにくっついていることなんて忘れてしまうくらい,夢中になります。4拍ともしっかり手拍子の音を鳴らすのもポイントです。

☑ 自分がうまく打てるのはもちろんのこと,うまく打っている友達を見る気持ちよさもあります。

(田辺 映子)

19 リズム・マニアⅠ
―基礎的なリズムの練習―

教師のたたくリズムを体のいろいろなところで表現します。超挑戦！の聴いたリズムを1小節遅れて追いかけるカノンも紹介しています。

[対象] **低学年** [領域・分野] **すべて**
[要素] **リズム，拍の流れ**

🎵 やってみよう！

❶　教師がハンドドラムあるいはピアノ等で四分音符を演奏します。児童は「タンタンタンタン」と言いながら，着席した状態で手を打ちます。

・教師が八分音符を演奏したら，児童は「タタタタ」と言いながら，体の正面で，両手の人差し指で机の縁を軽く打ちます。指は交互に打ちます。

・教師が二分音符を演奏したら，児童は「ターン」と言いながら両手で自分の肩を打った後，両側に広げます。

| タンタンタンタン | タタタタタタタタ | ターン |

❷　以上を組み合わせて連続して行います。以下のようなリズム・パターンが考えられます。

・児童たち全員がそのリズム・パターンでたたけるようになったことを確認して，次のリズム・パターンへ移ります。

・さまざまなテンポで，強弱の変化をつけながら行いましょう。

🎵 こんな力が身に付きます!

・拍にのってリズムを表現する力。
・リズムを各音符へと分析する力。

🎵 こんな活動に発展!

・児童に教師役をさせるようにすると,それ自体がリズムづくりの活動になります。

|音楽づくり| 体でリズムを表現したり,打楽器やさまざまな音素材で音楽をつくったりする際に,児童のリズムに対する理解が深まっているためスムーズに行うことができます。

|歌唱・器楽| リズムを聴き取って分析することや,さまざまなリズムを主体的に表現することができるようになるため,歌唱や器楽の表現が豊かになります。歌や器楽の旋律や伴奏のリズムを,このやり方で表現することも面白いでしょう。

・教師の演奏から1小節分遅れて打つ,リズムカノンもスリリングで楽しい活動になります。

【カノンの例】

教師 4/4 ♩ ♩ ♩ ♩ | ♫ ♫ ♫ ♫ | ♩ ♩ | ♩ ♩ ♩ ♩ |

児童 | タンタンタンタン | タタタタタタタタ | ターン ターン

取り組みのポイント ⬇

☑ 初めから3種類のリズムを取り扱うのではなく,四分音符だけ,あるいは四分音符と八分音符だけ取り上げて行った方がスムーズに進みます。

(板野 和彦)

20 リズム・マニアⅡ
―リズムを打とう―

お友達の4手が4拍をあらわし，お友達の手を左からたたいてリズムをあらわします。なんと，記譜につながる活動です。

|対象| 中学年　|領域・分野| すべて
|要素| リズム，拍の流れ

🎵 やってみよう！

❶　児童は3人で1つのグループをつくります。このうち2人が並んで立ち，それぞれ両手を胸の前に出し，ひじは軽くゆるめます。手のひらを外向きで，少しだけ上方に向けてください。手のひらの間隔は，均等にしてください。

　残りの1人がこの4つの手のひらを右手でポンポンと先生のドラム，あるいはピアノのリズムに合わせて，向かって左から右へと打ちます。

❷　初めは四分音符＝100くらいで打ちます。慣れてきたら，より速い，あるいはより遅い速度でやってみましょう。ゆっくりした速度にするときは4つの手のひらの間隔を広くします。

❸　四分音符：タン，八分音符：タ，二分音符：ターンと言いながら打ちます。次のようなリズムを打ってみましょう（音符の下の数字は向かって左から1から4番目の手を表します）。

4/4　♩　♩　♩　♩　｜♫　♫　♫　♫　｜♩　　♩　｜♩　♩　♩　♩　｜
　　　1　2　3　4　　1_ 2_ 3_ 4_　　1　　3　　1　2　3　4

4/4　♩　♩　♫　♩　｜♩　♩　♩　｜♫　♫　♩　♩　｜♫　♫　♩　｜
　　　1　2　3_4_　1　2　3　　1_ 2_ 3 4　1_ 2_ 3

🎵 こんな力が身に付きます！

・リズムパターンを拍に分けて感じ取る力。
・左から右へスペースを使いながらリズムを描く力（記譜の練習に役立ちます）。

🎵 こんな活動に発展！

・四分休符を含むパターンを打ってリズムパターンを多様にします。
・4拍子だけでなく3拍子，2拍子に変えることもできます。3拍子の場合は，構えるほうの手のひらは3つ，2拍子の場合は2つでよいことになります。

記譜　手と腕を左から右にリズミカルに，またパターンに応じた適切なスペースを使いながら動かすので，黒板やノートなどに音符を書くためのよい練習となります。

3拍子は手のひらが3つだね

取り組みのポイント ⬇

☑ 安定した速度をキープすることが大切です。
☑ 拍の流れにのって，スムーズに流れるような動きになることが大切です。その点に気を付けるよう声かけをしましょう。

（板野　和彦）

Column

リズム・Rhythm・りずむ

「リズム」は，適当な日本語訳を見いだせないまま定着した外来語です。四季，昼と夜，月の満ち欠け，寄せては返す波……私たちの息づかいもこれら自然のリズムの一環です。体を動かして行うリズム遊びは，私たちが生来もっている自然な呼吸や体の使い方が，音楽表現に生きるように導いてくれます。

Chapter 3

歌ったり楽器を演奏したりして楽しもう

歌唱や器楽の技能はくり返して歌ったり，楽器を演奏したり，演奏につながる練習をしたりして高まっていきます。ここでは主に，「歌唱」「歌唱と器楽」「器楽」の，楽しくて音楽の力がよく身に付く活動を紹介します。

21 あいさつの歌で発声名人

授業の始まりと終わりのあいさつのときに，やわらかく響く声を意識して歌います。2部や3部にしたり，さらに高音を加えたりできます。

|対象| 全学年　|領域・分野| 歌唱
|要素| 音色，旋律

🎵 やってみよう！

授業の始めと終わりにあいさつの歌を歌います。

❶　授業の始めと終わりに全員で姿勢を正して，指揮に合わせて歌います。

原曲：三宅靖子作詞・作曲〈朝のあいさつ〉

「あさのあいさつは　えがおでどうぞ　おはよう」

「ひるのあいさつは　あかるくどうぞ　こんにちは」

「かえりのあいさつは　こころをこめて　さようなら」

・低学年では，教師も一緒に歌いながら，指揮と伴奏をします。

・中学年から高学年では，日直が前に出て，指揮をします。希望者がいれば，伴奏をオルガンで弾いてもらいます。

❷　楽譜3段目最後の小節は中〜高学年で加え，高音の発声練習とします。最後の音「ド」をさらに高く「ファ」に上げて伸ばし，声の通り道を確かめるようにします。

🎵 こんな力が身に付きます！

- 話し声と歌声の出し方は異なることを理解し、発声の仕方が身に付きます。
- 声が出にくい児童も、姿勢に気を付けながら毎時間歌うことで、少しずつやわらかい声や、高い声が出るようになります。
- 指揮者を見て息や気持ちを合わせることで、音楽の授業を始めるという切り替えができます。

🎵 こんな活動に発展！

- ①、②、③で輪唱にして歌うと、合唱の導入となります。
- 最後の伸ばす音を2部や3部にして、ハーモニーをつくることができます。
- シンバルやバスドラムなどを声が集まるところに置くと、共鳴するのがわかります。響きがなくなるまで耳をすませます。
- 海外からの転入生があったら、「おはよう」、「こんにちは」、「さようなら」をその国の言葉で歌います。
- 伴奏は希望者がいれば、オルガンだけでなく鍵盤ハーモニカ、リコーダー、トランペット、打楽器などで担当することができます。

取り組みのポイント ↓

- ☑ 指揮者が手を挙げたら、歌う姿勢ができるよう促し、手を下ろすまで、緊張感を保つようにします。
- ☑ 目を開けて、喉の奥を開け、あくびをする感じで声を出すようにと、声かけをします。
- ☑ 短いあいさつの間に、一人ひとりの子どもの顔を見て、体調や様子、さらに学級の状態をとらえることができます。
- ☑ 授業の終わりの歌声を聴くと、その時間の学習成果がわかります（児童が達成感をもって終わることができたか、歌声がよくなったか、など）。

（池田　順子）

22 誕生月はいつ？
—〈一年中のうた〉—

〈一年中のうた〉を覚えて，歌いながら自分の誕生月に立ち，ポーズをとって座ります。全員が出番のある替え歌で楽しむこともできます。

|対象| 1年生　|領域・分野| 歌唱
|要素| 旋律，フレーズ

🎵 やってみよう！

❶ 〈一年中のうた〉（アメリカ民謡／岡本敏明訳詞）を，きちんと覚えて斉唱できるようにします。

一年中のうた

アメリカ民謡
岡本敏明　訳詞

❷ 1月生まれの人は，「おめでとう」で立ち上がり，「いちがつ」でクラスの友達に向かって軽く頭を下げます。「つもる雪」の「つ」のときには，音を立てずに着席。2月生まれの人は，「つもる雪」で立ち上がり，「に〜がつ」で軽いおじぎをします。「ひなまつり」の「ひ」のときには，音を立てずに着席。同じパターンで12月生まれまで行います。動くときにも，歌は必ず歌うように指導してください。

❸ おじぎでなく，軽いポーズをしてもよいでしょう。ただし，ワンフレーズの中に収め，音を立てずに着席できなければいけません。先生は，歌をリードし，できればピアノで伴奏を弾いてください。

🎵 こんな力が身に付きます！

・ワンフレーズのまとまりを意識し，感じ取る力。
・音楽の流れを感じながら，日常的な動作を自然に，スムーズに行う力。

🎵 こんな活動に発展！

・誕生月のように全員に出番のあることで，クラスの替え歌をつくると楽しいです。たとえば「好きな給食のメニューはなあに？」にしてみましょう。「♪うれしいなスパゲティ　つよくなる牛乳　楽しみなカレー……」好きなメニューのところで，同じように立ち上がってポーズをします。歌詞は，見えるところに貼っておくとよいでしょう。
・この歌の旋律は，ハ長調の階名唱のよい教材にもなります。階名唱でマスターすると，応用がききます。
・この歌は輪唱で楽しむこともできます。また，Ⅰ→Ⅴ→Ⅰの和音進行の響きが得られます（輪唱は「29　輪唱やパートナーソングを楽しもう」，和音進行の響きは「34　ベルやチャイムでⅠⅣV₇Ⅰ」を参照してください）。

取り組みのポイント ⬇

☑ 「歌の流れにきちんとのること」「必ず歌いながら動くこと」「音を立てずに着席して，ふざけないこと」これらの約束を守るように，しっかりと指導します。友達に受けることをねらってふざけてしまうと，活動の意味がなくなってしまいます。

☑ ピアノなどの伴奏パターンの例。

本事例は，1980年ごろ玉川学園小学部の小宮路敏先生から教えていただきました。

（阪井　恵）

23 おみせやさん
―拍の流れにのって遊ぼう―

「○○○● (たんたんたんうん)」のリズムに当てはまる言葉をまねっこします。
お店やさんごとに言葉を集めて楽しみます。

対象 **低学年**　領域・分野 **歌唱**
要素 **リズム，拍の流れ**

🎵 やってみよう！

❶ 教師が「くだものやさん」になり，○○○● (タンタンタンウン) と手をたたきながら，○○○ (タンタンタン) の中に入る言葉 (くだもの) を言います。

❷ 教師が言った言葉を，児童も，手をたたきながらまねをします。

❸ 教師が言葉を変えて言います。児童がまねをします。これを何度かくり返します。

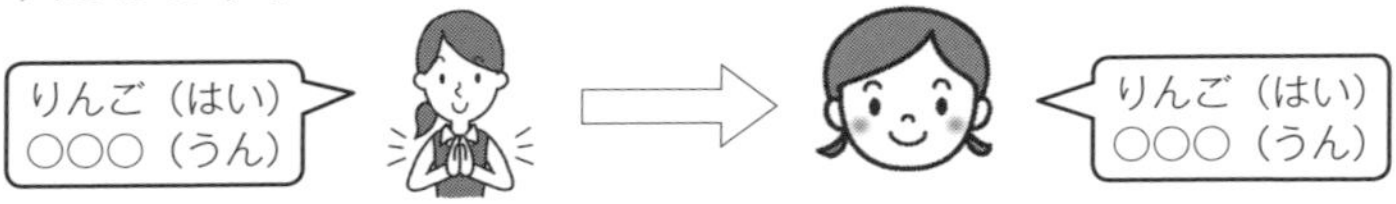

りんご（はい）
○○○（うん）

→

りんご（はい）
○○○（うん）

❹ 慣れてきたら，児童が「くだものやさん」になり，言葉を選んで言う立場になります。

メロン（はい）
○○○（うん）

→

メロン（はい）
○○○（うん）

さくらんぼ（はい）
○○○（うん）

→

さくらんぼ（はい）
○○○（うん）

❺ 「くだものやさん」「おかしやさん」「むしやさん」など，お店ごとに言葉を集めると，なりたいお店やさんになり，自分の好きな言葉を拍の流れにのって言えるので，活動がさらに楽しくなってきます。集めた言葉は，お店ごとにまとめておくと，児童が言葉選びに迷いません。

🎵 こんな力が身に付きます!

・拍の流れにのる力。
・言葉の面白さを感じる力。

🎵 こんな活動に発展!

・拍の分割をすると,リズムづくりに発展します。
　例)さくらんぼ→タタ　タタ　タン(ウン)
　　　パイナップル→タタ　タッタ　タン(ウン)
　　　ポテトチップス→タタタ　タッタ　タン(ウン)

音楽づくり	体や,打楽器,さまざまな音素材を使った音でリズムを表現すると,音楽づくりが短時間でできます。
歌唱・器楽	拍の流れにのることの大切さを理解し,拍にのる感覚を体で感じながら,歌唱や器楽の表現をすることができます。

取り組みのポイント⬇

☑　一定の速さをキープすることが大切です。はじめは,教師が速度を保ってあげてください。だんだんと,子どもたちが自分自身で拍を感じながら,速度をキープできるようになっていくといいですね。

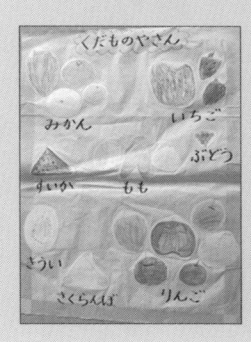

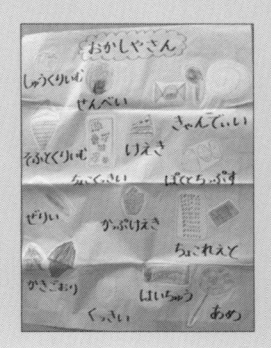

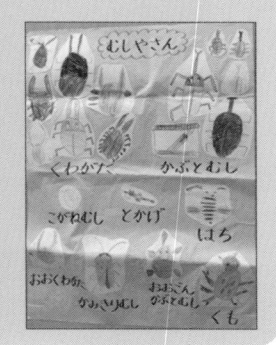

(高田　芙美香)

24 歌や楽器でリレーをしよう

既習曲を小節ごとに分担して歌ったり楽器で演奏したりします。階名唱が定着し，フレーズのつながりを意識できます。

対象 中学年・高学年　領域・分野 歌唱，器楽
要素 速度　仕組み 反復

やってみよう！

第3学年の歌唱共通教材〈春の小川〉で例示します。

❶ 〈春の小川〉の歌詞唱に慣れます。

❷ 児童を，「ここがAチーム！」のように，縦に4ブロックに区切ります。

❸ 黒板に，　ミソラソ　　ミソドド　　ララソミ　　ドレミゥ
　　　　　　　　　　　　　　　　　　　　　　　　　レミドゥ

4枚（種類）のカードを児童のブロックと合うように貼ります。「Dチームは2種類お願いね！」となります。

❹ 「自分のグループのカードだけ歌いましょう」と言って，チームに割り当てられた階名をリレー唱します。

（ミソラソ）　（ミソドド）　（ララソミ）　（ドレミゥ／レミドゥ）

・中間部（レミレソララソラ……）のカードも貼り，ここは全員で歌います。

❺ 変化をさせて楽しみます。

・「自分のチームが歌うときだけ立ちましょう」と言ってみましょう。

・徐々に速度を上げるなど，くり返して慣れましょう。

・「カードが変わりますよ！」と，カードをローテーションして，全員が4枚歌えるようにします。速度を徐々に上げたり，いきなり超スローモーションにしたりして楽しみます。

❻ （カードを最初の位置にもどし）「では，今度は鍵盤ハーモニカで吹いてみましょう」と，階名唱のときと同様に進めます。指番号のカードを添えます。中間部は階名唱のままです。

❼ いすを円形に並べて4分割し，階名リレー唱をしたり，鍵盤ハーモニカでリレー奏をしたりします。全員が見渡せるので視覚的にも楽しめます。分担はローテーションします。中間部は階名唱のままですが，「弾きたい子はどうぞ！」と促します。

🎵 こんな力が身に付きます！

・「階名で歌えると楽器で演奏できるんだ」という実感がもてます。
・くり返し歌うことで，親しめる歌が増えていきます。

🎵 こんな活動に発展！

・4年生の〈さくらさくら〉では，フレーズの分担唱→リコーダーと鍵盤ハーモニカで分担奏（リコーダー：ララシーララシーラシドシラシラファー，鍵盤ハーモニカ：ミドミファミミドシー，リコーダー：ラシドシラシラファー，鍵盤ハーモニカ……のように）をします。さらに，箏で分担奏もします。
・6年生の〈われは海の子〉では，1番の歌詞でリレー唱をします。1小節交代，2小節交代，4小節交代のようにゲーム感覚で歌っているうちに愛唱歌に。1人では抵抗がある場合は，4人1組，3人1組，2人1組でも。これもだんだん人数を減らしていくと，1人で歌うことにも慣れます。歌声の評価もできます。

取り組みのポイント↓

☑ 「ピアノを習っていないからうまく弾けない」という子にピッタリです。4音弾けばいいので，楽しんでいるうちに苦手意識を払拭できます。
☑ 3年生の階名の学習の前段階としておすすめです。

（田辺　映子）

25 階名唱で合奏名人

歌詞唱で歌を覚え，固定ド唱をくり返し，児童が自分の力で無理なく楽譜を読んで楽器で演奏する力につなげます。

対象 中学年・高学年　**領域・分野** 歌唱（歌詞唱，階名唱），器楽
要素 音の重なり　**仕組み** 問いと答え

やってみよう！

〈せいじゃの行進〉で例示します。

❶ 〈せいじゃの行進〉の主旋律の歌詞唱に慣れます。

❷ 〈せいじゃの行進〉の副次的な旋律の歌詞唱に慣れます。このとき，副次的な旋律には歌詞がないので，教師が提案したり児童にアイデアを求めたりして歌詞をつくります。

例）

（楽譜：きょうから みんな で うたを うたお う あさから ばんまでよう き に うた おう）

❸ 歌詞唱で2部合唱にします。全員がどちらも歌えるようにします。全体を2つに分けたり，ペアで向かい合って歌ったり，ペアの相手を変えたり，ジャンケンで勝った方が旋律を選んだりして，楽しみながらくり返し歌います。

❹　それぞれの旋律を歌い慣れたら，階名唱でも同様にします（〈せいじゃの行進〉はト長調なので固定ド唱です）。

❺　旋律を思い浮かべながら，歌ったように音が並んでいくように，自分で楽器の練習をします。主旋律も副次的な旋律も吹けるようにします。

❻　リコーダー（鍵盤ハーモニカ）で演奏できた児童には，鍵盤ハーモニカ（リコーダー）でも練習するよう促しましょう。それもできた児童には，鍵盤打楽器などに挑戦させましょう。

❼　低音パートは，ここまでの活動の際のピアノ伴奏でたくさん聴いていますし，リズムも単純なので，すぐに固定ド唱→楽器で演奏，に移行できます。

❽　打楽器のリズムも全員で手拍子や足拍子で確認し，みんなで合奏します。

🎵 こんな力が身に付きます！

・歌詞唱で副次的な旋律を覚えることで，音高と音価がわかるため，自分で楽器を練習できるようになります。

🎵 こんな活動に発展！

・主旋律と副次的な旋律からなる器楽曲（リコーダー二重奏なども）であれば，何の曲であっても有効です。
・楽しみながら，2部合唱の練習にもなっています。

取り組みのポイント↓

- ✓ 児童が，「主旋律なら演奏できる！」のは歌ったり聴いたりして親しんで，音高と音価がわかるからです。副次的な旋律も"歌"として覚えれば，先生に教えてもらわなくても自分で楽器で演奏できるようになります。
- ✓ いきなり階名唱や固定ド唱では，意欲も半減します。児童にとって楽しく意味のある歌詞唱のワンクッションが大切です。
- ✓ 各自の練習前に，リコーダーや鍵盤ハーモニカの運指は全員で確認します。

（田辺　映子）

26 和音の響きを感じて歌おう

既習曲にずっと同じ和音を重ねて歌うと,「ちょっと変だな？」ここから歌に合うⅠ, Ⅳ, Ⅴを見つけ, 和音の響きを感じて歌います。

|対象| 中学年・高学年　|領域・分野| 歌唱
|要素| 音の重なり（和声の響き）

やってみよう！

第3学年の歌唱共通教材〈ふじ山〉で例示します。

❶　〈ふじ山〉の歌詞唱に慣れます。
❷　「今から, ピアノで伴奏だけを2回弾きます。心の中で歌いながら, よく聴きましょう。違いがわかるかな」
・全音符で和音のみ弾きます。1回目はすべてⅠ（1度）の和音。2回目は, 和声進行どおりに弾きます。
・「違いはわかりましたか」と聞きます。

> 1回目はずっと同じ感じ
> 1回目はなんだか合わない感じ
> 2回目は歌いやすそう

❸　全部がⅠ（1度）の和音の伴奏を聴き,〈ふじ山〉をラララで歌いながら,「なんだか合わないな」「ちょっと変だな」と感じたところで挙手します。
❹　Ⅰ（1度）の和音を弾いて,「この和音を赤とします」, Ⅳ（4度）の和音を弾いて「黄色とします」, Ⅴ（5度）の和音を弾いて「青とします」
・黒板に, 色のカードを貼ります。聴こえた和音を指でさします（わかりやすいようにカードの間隔は広く開けます）。児童の指が定まったタイミングで答えを言います。何度かくり返すと聴き取れる児童が増えてきます。
・旋律に合わせて, 和音が変わっていることに気付きます。

❺ 〈ふじ山〉の1番を歌いながら、和音の移り変わりを指でさします。
❻ 1本ずつベルやチャイムを配ります。C（ド）の児童には「あなたは、赤と黄色で鳴らします」、E（ミ）の児童には「赤で鳴らします」、F（ファ）の児童には「黄色で」、G（ソ）の児童には「赤と青で」、A（ラ）の児童には「黄色で」、B（シ）の児童には「青で」と言って渡します。一度に全員分がない場合は、2または3分割します（ベルやチャイムを鳴らさないときは歌詞唱）。
❼ Ⅰ、Ⅳ、Ⅴそれぞれの和音を鳴らして、響きの違いを感じ取ります（間違って鳴らしてしまうと響きが濁るので児童もわかります）。
❽ ベルやチャイムの和音の伴奏で、〈ふじ山〉を歌詞唱します（和音の変わり目は、教師が色カードを指して示します）。

♪ こんな力が身に付きます！

・音を注意深く聴き取ろうとする態度。
・和音の響きの美しさや和音の変化を感じ取りながら歌う心地よさを自分から求める力。

♪ こんな活動に発展！

・シンプルな和声進行の曲では、和音当てクイズを習慣化して、無理なく和声感を養うことができます。
・5年生で学習する和声の響きへの導入となります。

取り組みのポイント ⬇

✓ ベルやチャイムを鳴らすことに慣れたら、ピアノ伴奏は弾かずに、ベルやチャイムから生まれる和音の響きの心地よさを、十分味わえるようにすると感動的です。

（田辺　映子）

27 既習曲でし〜ん
—サイレントシンギング—

既習曲をワンフレーズずつ心の中で歌っていきます。ラストは，音楽室に音はしていないのに児童の心の中に歌が響きます。

|対象| 低学年　|領域・分野| 歌唱，器楽
|要素| 旋律，フレーズ

🎵 やってみよう！

　短い既習の歌唱曲をくり返して斉唱します。2回目以降はワンフレーズずつ歌声を消していき，伴奏を聴きながら心の中で歌います。最後は伴奏だけになり，その響きが終わったところで着席し授業に入ります。
例）〈うみ〉
　友達と向かい合い（2人でも3人でもよい），斉唱します。先生は，伴奏を弾きます（CDで流します）。歌は，互いに聴かせ合うように，歌いましょう。

①うみは　ひろいな　②おおきいな　③つきが　のぼるし　④ひが　しずむ

　1回目は全部歌います。2回目は，①は心の中で歌い，②から歌います。3回目は，①と②は心の中で歌い，③から歌います。4回目は，①と②と③は心の中で歌い，④から歌います。5回目は，①から④まで心の中で歌い，伴奏だけが流れます。伴奏の最後の音が消えたら，静かに着席します。以下のように表にしてみます。

	①	②	③	④
1回目	うみは　ひろいな	おおきいな	つきが　のぼるし	ひが　しずむ
2回目	（心の中で）	おおきいな	つきが　のぼるし	ひが　しずむ
3回目	（心の中で）	（心の中で）	つきが　のぼるし	ひが　しずむ
4回目	（心の中で）	（心の中で）	（心の中で）	ひが　しずむ
5回目	（心の中で）	（心の中で）	（心の中で）	（心の中で）

例）〈ひらいたひらいた〉
　友達と向かい合い（2人でも何人でもよい），歌います。先生は，タイコ，カスタネット，クラベス，など残響の短い打楽器で，リズム伴奏します。

【伴奏リズムの例】

①ひらいたひらいた　　②なんのはながひらいた
③れんげのはながひらいた　　④ひらいたとおもったら
⑤いつのまにか　　⑥つーーーぼんだ

　〈うみ〉と同様に１回目は全部歌います。２回目は①を心の中，３回目は①と②を心の中で歌う……というふうにして，７回目は全部心の中になり，歌声が消えてリズム伴奏だけが流れます。終わったら静かに着席します。

こんな力が身に付きます！

・正しい拍，正しい音高を心の中で保ちながら，音楽の流れに参加し続ける集中力が身に付きます。
・確実に斉唱できる曲が増えます。

こんな活動に発展！

・心の中で歌の流れをキープし続けること，最後の伴奏が消えるまで集中することによって，おのずから「よく聴く」態度も養われます。
・実際に自分が音を出さない場合でも，音楽の流れに参加し続ける集中力は，合唱や合奏をするときに不可欠です。

取り組みのポイント↓

☑　短い曲で取り組みましょう。共通教材はこの活動に適しています。①②……にあたる，ワンフレーズの区切りを，歌詞を貼るなどして，明確にしておきましょう。

☑　歌声を消して心の中で歌うと，次の歌い出しで音が下がってしまいがちです。そのときはピアノで正しい音を弾いて気付かせましょう。

（阪井　恵）

28 リクエストソング

今日の担当の児童がみんなに歌をリクエストします。その児童が指揮をしてみんなで楽しく歌います。選曲の工夫も紹介しています。

| 対象 | 中学年 | 領域・分野 | 歌唱 |
| 要素 | 旋律，リズム，拍の流れ |

🎵 やってみよう！

❶ 担当の児童がみんなで歌いたい曲を選び，前に立って指揮をして，みんなで歌います。曲は教科書だけでなく，歌集からも選ぶとよいでしょう。担当者はあらかじめ順番を決めておきます。

❷ あまり知らない曲をリクエストした場合，知っている児童中心に歌ったり，教師と一緒に歌ったりして覚えます。

❸ 曲の選び方については，いろいろ工夫するのも楽しいです（例：前もってみんなで選んでおいた曲のタイトルをビンゴのかごに入れておいて，担当者が引き当てるなど）。

🎵 こんな力が身に付きます！

・歌う曲を選ぶことにより，主体的に授業に取り組む姿勢ができます。
・指揮をすることにより，拍の流れやフレーズ感を養うことができます。

こんな活動に発展！

レパートリーソング

　歌った曲名をリストアップしておき，覚えた曲はクラスのレパートリーとして認定します。いつでもすぐ歌える歌としておくと，集会や行事などでも発表できます。

器楽・音楽づくり

　リズム楽器を入れて歌うと楽しいです。基本的なリズムを覚えたら，リズムを自分で考えたり，即興的に加えたりするとよいです。児童が好きな曲なので，教師のアイデアで楽器を増やしてアンサンブルに発展させることもできます。

【レパートリーソング例】

・ビリーブ
・小さな世界
・君をのせて
・あわてんぼうのサンタクロース
・（以下歌った曲を記入していく）

取り組みのポイント

- ☑ 担当の児童は，曲をその場で決めるのではなく，あらかじめ自分が選んだ曲を予告しておくとよいです。
- ☑ 指揮の仕方は，基本の図形および始めと終わりの合図ができるよう指導します。

（池田　順子）

29 輪唱やパートナーソングを楽しもう

同じ歌を追いかけるように歌うと「輪唱」,違う歌を同時に歌うと「パートナーソング」です。無理なく合唱を楽しむことができます。

対象 中学年・高学年　領域・分野 歌唱,器楽
要素 旋律,音の重なり

やってみよう！

【輪唱】単旋律の歌を覚えて歌えるようにします。できるようになったら,複数チームが歌い出しのタイミングをずらし,追いかけるように歌うことでハーモニーを生み出します。

【パートナーソング】単旋律の歌を2曲覚えて歌えるようになったら,同時に歌ってハーモニーを生み出します。

いずれも合唱の導入として,以前から行われていました。児童の実態に応じて,鍵盤ハーモニカやリコーダーといった楽器の技能の習得や,合奏の教材などとして取り組むこともできます。

輪唱曲の例	パートナーソングの例
●アメリカ民謡〈一年中のうた〉 ●イギリス民謡〈ごきげんよう〉 ●イスラエル民謡〈シャローム〉 ●ドイツ民謡〈春は過ぎて〉 ●ドイツ民謡〈かえるの合唱〉 ●ドイツ民謡〈さよなら〉 ●フランス民謡〈夜が明けた〉 ●フランス民謡 〈フレール・ジャック（かねがなる）〉 ●M．ハウプトマン作曲 〈うたいましょう〉 ●M．プレトリウス作曲 〈VIVA LA MUSICA〉	■フランス民謡〈きらきら星〉と, ドイツ民謡〈かすみか雲か〉 ■イギリス民謡〈ロンドン橋〉と, アメリカ民謡〈メリーさんのひつじ〉 ■文部省唱歌〈ゆき〉と, 岡野貞一作曲〈春が来た〉 ■イスラエル民謡〈シャローム〉と, 中山晋平作曲〈こがねむし〉 ■ドヴォルザーク作曲〈ユーモレスク〉と,フォスター作曲〈故郷の人々〉（それぞれ前半部分）
参考文献 ・岡本敏明編「輪唱の楽しみ」音楽之友社,1957 ・岡本敏明・小山章三編「新・輪唱のたのしみ」音楽之友社,1996	参考文献 ・富澤裕編「たのしいパートナーソング」教育芸術社,2001

🎵 こんな力が身に付きます！

・単旋律の音楽をくり返し練習するので，正しく美しく歌ったり楽器で演奏したりする技能が高まります。
・輪唱やパートナーソングの活動により，他のパートを聴きながら歌ったり演奏したりする力が身に付きます。

🎵 こんな活動に発展！

・学年が上がるにつれて合唱や合奏が多く行われ，また声部の数が増えたり，かかわり方が複雑になったりしていきます。そのような中，自分のパートの役割を自覚しながら，他のパートと合わせてすてきな合唱，合奏を行うことにつながります。

取り組みのポイント ⬇

☑ 輪唱やパートナーソングの活動をする前に十分単旋律の歌を歌ったり楽器で演奏したりしましょう。「お掃除しながら鼻歌で歌えるくらい」とでもいったらよいでしょうか，児童が無理なく暗譜で歌えるようになってから輪唱やパートナーソングの活動に入りましょう。

☑ そのクラスのオリジナルの歌詞で楽しむのもおすすめです。自分たちのことを歌詞に織り込んでいると思うと愛着をもって歌います。

【ドイツ民謡〈さよなら〉の曲でオリジナル歌詞の輪唱の例】

Ⅰ あ か る く Ⅱ た の し い
Ⅲ い ち く み きょう も Ⅳ な か よ し

（酒井　美恵子）

30 指遊び

夢中で指遊びをしているうちに，拍感が身に付き，指の動作が巧みになります。器楽学習のウォーミングアップにおすすめです。

対象	低学年・中学年	領域・分野	器楽
要素	速度，拍子		

やってみよう！

❶ 左手，右手のどちらかの親指を折り曲げます。

❷ 教師のカウントに合わせて，親指―人差し指―中指―薬指―小指の順で，折り曲げ，次に指を開いていきます。先に親指を折り曲げておいた手と折り曲げない手とで，指の動きが1本ずつずれて指を動かすのを楽しみます。

❸ 薬指や小指は，単独で折り曲げたり開いたりしにくい指です。思うように動かせなかったり，勢いづいて拍子に合わせられなくなったりします。指が拍子とずれてしまったり，左右の手の指が1本ずつずれて進めるはずなのに，いつの間にか同じになってしまったりと，単純なゲームでありながら，「えっ？　同じになっちゃった！」とその意外性に夢中になります。

🎵 こんな力が身に付きます！

・指導者のカウントに合わせて，指を動かすことで，いろいろな拍子や速度に対応して活動をする力が養われます。
・拍子に合わせる大切さにも気付くことができます。

🎵 こんな活動に発展！

・指を独立させて動かしやすくする効果があるので，鍵盤ハーモニカやリコーダーなど，器楽の活動の慣らし練習として行うのに適しています。
・カウントの速度を速めたり，最初に折っておく指を2本にしたりと，バージョンアップをすると，意欲が高まります。

取り組みのポイント↓

☑ カウントに合わせられず，指の動きが止まってしまったり，早く動いてしまったりする子どもが必ず出てきます。まずは，ゆっくり一本一本の指の動きを確認しながら始めてみましょう。

☑ 全員起立して活動を始め，「指が一緒になっちゃった」子どもは座っていくようにすると，正確に指遊びができた子どもが限定されていきます。最後に拍手で賞賛するなど，ゲーム感覚で指遊びを楽しみましょう。

（過外　美里）

31 同音リレー

同じ音を楽器でリレーしていきます。楽しく取り組むことができ，問いと答えやリズムづくりなどの多様な活動に発展できます。

| 対象 | 全学年 | 領域・分野 | 器楽 |
| 要素 | 音色，速度，強弱，拍子 |

やってみよう！

❶ 演奏する速度を，教師が手拍子などで提示するのに合わせ，四分音符で4拍ずつ，児童たちが同じ音をリレーでつなげていきます。

❷ 演奏する音は，それぞれの楽器で児童たちにとって演奏しやすい音を指定したり，児童たちに思いをもって選ばせたりします。
【楽器と演奏する音の例】
リコーダー：ソの音（左手だけで安定した指使いと息づかいで吹けます）
箏　　　　：七弦の音（真ん中の弦で一番弾きやすい音です）

❸ 同じ音をいろいろな児童が演奏して続けると，息づかいや弾き手の強さで音色が変わることがわかります。

❹ 速度，強弱，拍子の変化を感じられるように，教師が条件を与えていきながら，ゲーム感覚で進めていきましょう。

こんな力が身に付きます！

・拍子に合わせ，速度と強弱の調節をしながら基本の奏法で演奏する力。
・教師や友達が示した速度に合わせてブレスを整えて演奏する力。

🎵 こんな活動に発展！

・「同じ音」というのが条件ですが，同音の4拍のうち，児童が思いをもって1拍休符を入れたり，八分音符のリズムを入れたりなど簡単な音楽づくりに発展させることができます。
・活動に慣れてきたら授業のねらいに沿って違う音にチャレンジしてみましょう。たとえば，リコーダーの高音，低音など，息づかいが難しい音で取り組むと，それをもとに技術指導ができます。

取り組みのポイント↓

✓ リレーする順番は，席順など機械的な順番でもよいですが，慣れてきたら「教師が指名した子どもが吹く」などとルールをつくってもよいでしょう。いつ指名されるかわからないので，同音リレーの活動へ集中して取り組むことにつながります。指名をするときは，前の子どもが吹いている3・4拍目で次の子の名前を呼ぶと，タイミングがよいでしょう。

【教師が指名した子どもがリコーダーを吹くときの例】

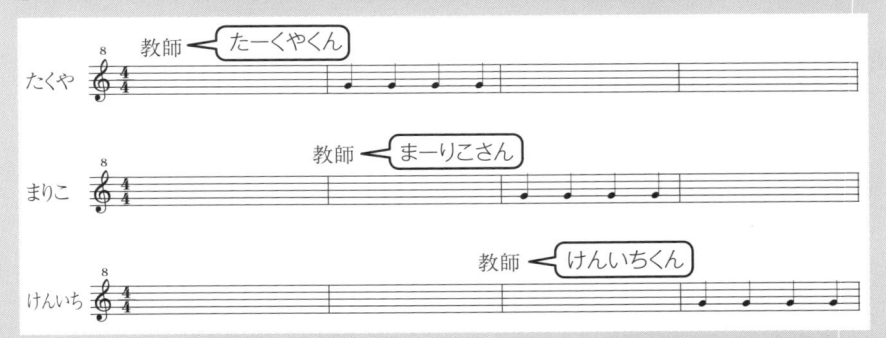

たくや　教師←たーくやくん

まりこ　教師←まーりこさん

けんいち　教師←けんいちくん

✓ リコーダーの習得し始めの時期は，息づかいが弱くて音程が定まらない音で吹く子どもがいます。そのようなときは，しっかり吹いている友達を例に，息づかい，タンギングを正しく習得できるように指導しましょう。

（過外　美里）

32 ロングトーンリレー

音階を楽器でリレーしていきます。お友達のよい音を聴き、自分でも試してみようという気持ちが生まれ、クラスの器楽の技能が高まります。

対象 全学年　領域・分野 器楽
要素 音色, 速度, 強弱, 拍子

やってみよう！

リコーダーで例示します。鍵盤ハーモニカでも、同様に行えます。

❶ リコーダーのド〜ドの音で4拍ずつロングトーンをしながら、音階を上行していきます。ときには全員で、ときには指定された条件に当てはまる人、ときには指名された人が、次の音をロングトーンしてリレーさせていきます。その際に、タンギングや息づかい、腹筋の支えなど基本奏法に着目して音が出せるように指導しましょう。

❷ 「教師が提示した条件に当てはまる人が吹く」というルールをつくって活動すると、ちょっとしたゲーム感覚で楽しく取り組めます。

- 最初は全員！1・2・3・4！
- 給食当番の人！
- ○○町に住んでいる人！
- しょうたくん！
- まほさん！
- 吹く人によって、音色が変わるね
- 聞いていないと何の音を吹くかわからないぞ

🎵 こんな力が身に付きます！

・吹奏楽器の単音を，よいタンギング・息づかい・支えで吹く力。
・友達の吹き方と比較しながら，適切な吹き方に気付く力。

🎵 こんな活動に発展！

・リコーダーや鍵盤ハーモニカの演奏の際に，拍の流れにのって，適切な吹き方で，吹けるようになります。
・前の音を吹く友達の音を聴かなければ吹けないので，他の人の出す音を意識して器楽の活動に取り組めるようになります。

取り組みのポイント↓

- ☑ 最初は全員で，次にとなりに順番にリレーし，ある程度慣れたら，活動❷のように演奏する条件を指定していき，その条件に合う児童が音を出してリレーをつなげるようにします。
- ☑ リレーを進めながら，「31 同音リレー」のときのように，前の音の3・4拍目のタイミングで次の音を吹く条件や児童の名前を言うと，スムーズにつながっていきます。
- ☑ 打楽器や手拍子で速度を提示しながら，一定の速度でリレーできるように支援をしましょう。
- ☑ 音を聴いていなかったり，速度を合わせられなかったりで，うまく入れない児童がいたら，一度リレーを止めて新たに始めると，その次からは緊張感をもってリレーをつなげようとする雰囲気になります。
- ☑ 一度止めた際などに，タンギング，息づかい，腹筋の支えなど正しい基本奏法を確認すると効果的です。

（過外　美里）

33 旋律リレー

ルールとしてリズムと使用する音を指定して,旋律づくりのリレーをします。ルールによってまとまりのあるメロディになります。

| 対象 | 中学年・高学年 | 領域・分野 | 器楽,音楽づくり |
| 要素 | 旋律,リズム,速度,拍子,音の重なり |

やってみよう!

❶ 有音程楽器から演奏しやすい音を3～5つくらい指定し,その音を使って自由に旋律づくりをしながら,リレーをします。

例) リコーダー　　　　ソ　ラ　シ　ド　レ
　　鍵盤ハーモニカ　ド　レ　ミ　ファ　ソ
　　箏　　　　　　　三弦　五弦　七弦（シ　ミ　ラ）

❷ 基本リズムを用いて旋律をつくります。

【基本リズムの例】

○○○○｜○○○● 　　　　○=♩　●=𝄽　①=♫

❸ 児童が慣れてきたら,上記の8拍の中で♩を♫に変更したり𝄽に変えたりと,児童の思いからオリジナルでリズムを工夫していくようにしてもよいでしょう。

こんな力が身に付きます!

・指定された音を使って,自分なりに選んだり組み合わせたりした音で,自分の思いを表現することができます。
・即興的な表現で旋律をつくる方法を身に付けることができます。

🎵 こんな活動に発展！

- 前の人が4拍演奏したら，「次の人が入る」とすると，複数の児童の旋律が重なり，和音となります。ときには不協和音になる場合もありますが，音の重なりを感じられる活動に発展させることができます。その場合は，鍵盤ハーモニカの黒鍵だけや日本の5音音階（例：ドレミソラ，ミソラシレなど）を指定すると独特な響きを楽しむことができます。
- 活動に慣れてくると，児童が自然にリズムの工夫をするようになります。オクターブや和音など，即興表現の方法を広げましょう。

取り組みのポイント ↓

- ✓ 最初から「どの音を使ってもよい」と自由にしてしまうと，音を選ぶことに関心がいってしまい，旋律を即興的につくることが後回しになってしまいがちです。活動に使用する音を3〜5音に限定しましょう。
- ✓ 箏の「七五三リレー」は弦を1本おきに演奏します。箏に慣れていない場合は，となり合った弦の方が取り組みやすいので，児童の実態に応じて使う弦を選んでください。
- ✓ まとまりのある旋律をつくりたい場合，リコーダー（ソラシドレ）では，「始めの人はソシレのどれかで始める」「最後の人はソで終わる」というように，主和音の中の音で始めて，主音で終わるというルールを示しましょう。特にルールを決めなくても，たとえば「同じ音をくり返す面白さがありますね」「レの音で終わると続く感じですね」や「休符が途中で入ると雰囲気はどんな感じになりますか？」などと問いかけながら音楽の特徴に気付かせて進めることで，児童が楽しんで工夫を重ねていきます。

（過外　美里）

34 ベルやチャイムでⅠⅣV₇Ⅰ

ベルやチャイムで1人1音担当して和音を美しく響かせます。ハンドサインや指揮も体験し，楽しく和音感をはぐくみます。

| 対象 | 中学年・高学年 | 領域・分野 | 器楽 |
| 要素 | 音の重なり，強弱 |

🎵 やってみよう！

1人が1音を担当するベルやチャイムを和音ごとに鳴らす活動です。V₇で例示していますが，Vでもきれいです。

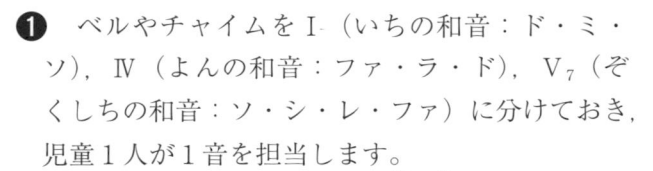

❶ ベルやチャイムをⅠ（いちの和音：ド・ミ・ソ），Ⅳ（よんの和音：ファ・ラ・ド），V₇（ぞくしちの和音：ソ・シ・レ・ファ）に分けておき，児童1人が1音を担当します。

ベル

チャイム

❷ 教師はハンドサインを✋🖐✊などのように決めておき，指揮をするように合図をして和音を響かせます。Ⅰ－Ⅳ－V₇－Ⅰの他にも，Ⅰ－Ⅳ－Ⅰ，Ⅰ－V₇－Ⅰなども行います。

❸ 慣れてきたら児童が指揮者役をして，友達に合図をし和音を響かせます。西洋音楽のきまりであるため，V₇からⅣには進まないことを約束するとよいでしょう。

Ⅰを鳴らして… 　止めます

❹ みんなで和音を楽しみたいとき，鍵盤ハーモニカやリコーダーで，クラスをⅠⅣV₇に分けて，1人が1音を担当し，ベルやチャイムと同じようにハンドサインと指揮をするような合図で音を出す活動がおすすめです。

　　　Ⅰ　Ⅳ　V₇　　　　Ⅰ　Ⅳ　V₇

リコーダーで低音が出しにくい場合は，↑こちらで吹くとよいでしょう。

🎵 こんな力が身に付きます！

・ⅠⅣV₇の構成音の知識が身に付き，和音の響きが味わえます。
・指揮を見ながら音を出す力が身に付きます。
・ハンドサインと指揮を児童が体験することで，指揮者の役割を知り，合図で他の児童から音を引き出す力がつきます。

🎵 こんな活動に発展！

・この体験を生かして，歌唱や器楽のハ長調の旋律にベルやチャイム，リコーダーなどでⅠⅣV₇の伴奏をつけ，みんなで音の響きや重なりを楽しむ学習ができます。

例）〈主人は冷たい土の中に〉や〈故郷の人々〉にベルやチャイムでⅠⅣV₇による伴奏をつけます。ゆったりと和音の変化が楽しめます。

例）〈こぎつね〉に伴奏をつけて楽しむときは，リコーダーや鍵盤ハーモニカで和音をつけるとよいでしょう。

取り組みのポイント ↓

☑ ベルやチャイムの数が少ない場合，使うベルやチャイムは「ド・レ・ミ・ファ・ソ・ラ・シ・ド」の8種類で，2つの和音で鳴らす児童が4名：ド（ⅠとⅣ）が2名，ファ（ⅣとV₇）ソ（ⅠとV₇）。あとの4名はレ（V₇のみ），ミ（Ⅰのみ），ラ（Ⅳのみ），シ（V₇のみ）で行う方法もあります。

（酒井　美恵子）

35 メチャメチャケチャ

リズムパターンを組み合わせてアンサンブルを楽しみます。声の出し方を変えたり，鑑賞の導入に用いたりと発展できます。

|対象| 中学年・高学年　|領域・分野| 歌唱，器楽
|要素| リズム，速度，強弱，拍子

やってみよう！

❶ クラス全員で次のA～Cのリズムを練習してたたけるようにします。

A	（4/4　♩ ♩ ♩ ♩）
B	（4/4　♫ ♪休 ♫ ♪休）
C	（4/4　♪休♪ ♪休♪ ♪休♪ ♪休♪）

❷ 3グループに分かれ，1種類ずつリズムを担当します。Aのリズムから始め，4拍遅れてBのリズム，さらに4拍遅れてCのリズムと加えていきます。

❸ 次に音符にケチャの雰囲気を味わえる言葉を付けてアンサンブルをします。Aは「オーチャ，オーチャ，」，Bは「オチャ○オチャ○」，Cは裏拍で「（ン）チャ（ン）チャ（ン）チャ（ン）チャ」で取り組んでみましょう。

❹ さらに，次のDのリズムは，記譜上は難しいリズムですが，感覚的には難しくなく，これを加えると一層楽しいアンサンブルになります。

| D | （4/4　♪休 ♪休 ♪休♪休♪） |

❺ クラス全員で「メチャメチャケチャ」を響かせたり，3人組や4人組で強弱や速度の工夫をしたりして楽しみましょう。

🎵 こんな力が身に付きます！

・それぞれのリズムの特徴を感じ取ってアンサンブルする力。
・速度や拍子を一定にして表現しようとする力。

🎵 こんな活動に発展！

|鑑賞|　インドネシアの民族音楽「ケチャ」のように，リズムを組み合わせるとともに，強弱を工夫すると，「ケチャ」の鑑賞の導入にもなります。

|音楽づくり|　4拍の中で休符の場所を変えてみるなど，自分たちオリジナルのリズムづくりに発展させてもよいでしょう。その際には，音符カードを準備するなど，4拍のリズムをどう組み合わせるか，話し合いやすいようにします。

|声の出し方を工夫したアンサンブル|　活動❸では「オチャ」で例示していますが，「シュ」や「チッ」という勢いのある声や，低い声で「ドゥン」などを組み合わせると，面白い声のアンサンブルになります。

|器楽アンサンブル|　打楽器を用いて，アンサンブルする活動に発展させることもできます。木製の楽器を組み合わせる，木製と金属製の楽器を組み合わせるなどを試してみましょう。さまざまな音色のアンサンブルが楽しめます。

取り組みのポイント↓

☑ 「12　まねっこ遊び」，「13　拍の流れで手合わせお尻合わせ」，「14　もちつきゲーム」，「16　肩たたきゲーム」や「31　同音リレー」，「32　ロングトーンリレー」の拍の流れにのったリレーを行ってから取り組むと，ＡＢＣＤのリズムを短時間で正しくたたけるようになります。

（過外　美里）

Column

声の力

人間の声には，無数とも言える倍音が含まれています。透明感のある声，ハスキーな声などの違いは，その人の体に由来する倍音成分の含まれ方の違いです。同じ「あのね」にも，多様なニュアンスがあり得ますが，これも，話し手の思いによって倍音の含まれ方が変わる結果です。声は言葉にならない思いをも届ける，素晴らしい力をもっているのですね。

Chapter 4

みんなで楽しい音楽をつくろう

音そのもののよさや美しさを感じ取ったり，体を動かして音楽を楽しんだり，歌唱や器楽の体験を楽しく重ねたら……みんなで楽しい音楽をつくる土台がしっかりできています。ここでは，身に付いた力を発揮して，楽しく音楽をつくります。

36 楽器は音の玉手箱

同じ楽器でも鳴らし方を変えるといろいろな音色が生まれます。児童の豊かな発想を教師も一緒に楽しみましょう。

対象 低学年・中学年　領域・分野 器楽，音楽づくり
要素 音色　仕組み 反復，問いと答え

やってみよう！

楽器のいろいろな音の出し方を探します。

❶ 1つのタンブリンを1人ずつ音の出し方を考えて，たたいたり，こすったり，振ったりしながらまわしていきます。

【いろいろな音を出す例】

○たたく・指1本～5本で
　　　　・グーで
　　　　・パーで
　　　　・たたく場所を変える（真ん中，端）
　　　　・ピアノの鍵盤を弾くように
○こする・親指に息を吹きかけてしめらせて，こするとダダダダー
○振　る・速さを変える
○いろいろな出し方を組み合わせる　など

❷ 同じたたき方でも，児童によって，音の表情が変わることを味わいます。児童と一緒に遊んで，多様な発見を楽しみます。

❸ タンブリンだけでなく，シンバルやトライアングルなどでもやってみます。

🎵 こんな力が身に付きます！

・いろいろな音色に気付いて，音に対する興味・関心を抱くようにします。
・さまざまな発想をもって即興的に表現できるような力をつけます。

🎵 こんな活動に発展！

聴く活動も取り入れる

　1人が鳴らしている音の感じを，相手は体で表現します。反対に，体で表現をしている相手に合わせて音を鳴らします。
例）
・タンブリンを振ったときに，ぐるぐる回る。
・高くジャンプして着地するのに合わせて，ポン。

手作り楽器でお話

　手作り楽器を持ち寄り，音でお話をします。
・2人ペアでまねっこをしたり，問いと答えをしたりします。
・一緒に鳴らして音を重ねながら，強弱や速さを工夫したり，始め方と終わり方を考えたりして，まとまりのあるものにしていきます。

取り組みのポイント⬇

☑ 音に耳をすましよく聴いている児童をほめ，聴く態度を身に付けさせます。
☑ 聴いている児童に，どんな音がしたか，聴いていてどんな気分や気持ちになったかをたずね，答えられるように導きます。

（池田　順子）

37 リズムパターン遊び１

「○○○●」のリズムに合わせて言葉を見つけ，それをリズム唱に置き換えます。みんなで楽しく取り組めます。

|対象| 低学年　|領域・分野| 音楽づくり
|要素| リズム，拍子

🎵 やってみよう！

言葉からリズムパターンをつくる遊びです。

❶　「くだもの」「動物」など１つのテーマをもとに，児童自身が発表したい言葉を決めます。

❷　決めた言葉を４拍で「○○○（言葉）●」「○○○（リズムで手拍子）●」と発表し，リレーでリズム表現をつなげていきます。

例）テーマ「くだもの」
Aさん「いちご●」「タンタンタン●」→Bさん「パイナップル●」「タタタッタタン●」→Cさん「ぶどう●」「タンタンタン●」→Dさん「モモ●●」「タンタン●●」→Eさん「ラフランス●」「タタタタタン●」

🎵 こんな力が身に付きます！

・拍の流れの中で，言葉でリズムをつくって表現する力。
・リレーをしながら一定の速度でリズム表現をする力。

🎵 こんな活動に発展！

４人組になり，１人ずつ関連する言葉とリズムパターンを考え，体を楽器のように使って出した音で，アンサンブルをしてみましょう。

例）テーマ「カレーライス」

児童	考えた言葉	音の出し方	リズムパターン
Aさん	「カレー」	（手拍子）	
Bさん	「ジャガイモ」	（ひざ拍子）	
Cさん	「ライス」	（足拍子）	
Dさん	「にく」	（指ならし）	

アンサンブルは，1人ずつ4拍遅れでリズムを表現するとよいでしょう。リズム譜にすると次のようになります。

取り組みのポイント

- ✓ 「タンタンタンウン」などの4拍の流れを感じ取ったり，先生のリズムをまねたりする活動を，十分に体験しておくことが大切です。
- ✓ 取り組みやすいテーマを設定すると，児童が言葉を選びやすくなります。拍の流れを感じながらオリジナルのリズムをつくる活動にも，より意欲的に取り組めます。

（過外　美里）

Chapter 4　みんなで楽しい音楽をつくろう

38 リズムパターン遊び2

リズムパターンから，そのリズムの言葉を見つけて手拍子と言葉で表現します。読譜力の向上につながります。

| 対象 | 中学年 | 領域・分野 | 音楽づくり |
| 要素 | リズム，速度 | 仕組み | 反復，問いと答え |

♪ やってみよう！

リズムカードを見て，言葉を当てはめる活動です。

❶ 教師が画用紙などに書いて示したリズムパターンに合った言葉を，児童が考えて表現します。複数の児童が，一定の速度でリレーのようにつなげられると，それだけで楽しいリズム表現になります。

例）

（くだものやいきものにしましょう）
（かめ…はあわない）
（タンタンタン）
（「りんご」）
（「いちご」にしよう）
（いるか）

※手拍子と言葉は同時で

❷ 言葉を当てはめやすいリズムを提示しましょう。

リズムパターンの例	言葉の例
♪♪ ♪♪ ♩ ₹	「かぶとむし●」「すべりだい●」
♩ ♪♪ ♩ ₹	「アーモンド●」「チーズあじ●」
♪♩ ♪♩ ₹	「スキーいた●」「ずこうしつ●」
♩ ♪ ♩ ₹	「もっきん●」「さっぽろ●」
♪♪ ♩ ♩ ₹	「あめザーザー●」「えびギョーザ●」

こんな力が身に付きます！

・リズムパターンをくり返し見て表現することで，読譜力が身に付きます。

こんな活動に発展！

・記譜されたリズムパターンを何回も見たり，たたいたり，いろいろな言葉を当てはめたりすることで，リズム譜に親しめます。歌唱や器楽の活動においても，楽譜からリズムを読み取るのが上手になります。

|音楽づくり| 言葉のリズムアンサンブルに発展できます。都道府県や県庁所在地などの地名を組み合わせてみたり，「動物園」や「水族館」などをテーマに，動物の名前をリズムにのせたり，グループで表現を工夫します。

取り組みのポイント ↓

☑ 子どもが活動に慣れるまでは，教師が手拍子や打楽器などで速度を示しながら活動するとうまくいきます。

☑ 速度が一定に保たれていないと，リズムの拍がずれたり，リレーとしてつなげにくかったりすることに気付かせましょう。他の人の速度を意識し，自分もその速度にのってリレーができるように指導しましょう。

☑ たとえば「ライオン」は「♫ ♩ ♪」がリズムとしては自然ですが，児童は「♩ ♫ ♪」とすることもあるでしょう。そのような場合も，面白いリズムであると受け止めると，子どもたちは安心して取り組めます。

（過外　美里）

Chapter 4　みんなで楽しい音楽をつくろう

39 名前リレー

4拍子の拍の流れにのって，自分の名前をリズミカルに唱えます。好きな果物や動物などでも楽しめます。

| 対象 | 低学年・中学年 | 領域・分野 | 音楽づくり |
| 要素 | リズム，速度 | 仕組み | 反復，問いと答え |

🎵 やってみよう！

❶ 教師が「あなたのお名前なんて言うの？」と問いかけて，それに続いて児童が自分の名前のイントネーションに合ったリズムを考え，①手拍子で②手拍子＋言葉付きで，表現します。

教師の問いは，| あな | たの | おな | まえ | なんて | いう | の？ | ● |
という感じのリズムです。

❷ ❶の活動を児童が次々に，リレーのようにつなげていきます。

あなたのお名前，なんていうの？

ターータタタン
さーくら こ

タンタンタン
ひ ろ し

ぼくの名前は，ゆう。どうしたらいいかな

タタウンウンウン
ゆうウンウンウンは？

そっかあ，
ゆーーーウン
でもいいね

❸ 慣れてきたら，キーボードに内蔵されているリズムボックスから楽しいリズムを流してノリノリでリレーをしてみましょう。

🎵 こんな力が身に付きます！

・ゲームを楽しみながら，リズム唱の能力が高まります。
・友達とリレーをしてつなげることで，速度を一定に表現する力が育ちます。

🎵 こんな活動に発展！

・自分の名前だけでなく，果物，動物など違うシリーズでレパートリーを広げられます。
・リズムを即興的に表現することで，音楽づくりの活動に発展していきます。

取り組みのポイント ↓

- ☑ 最初は，名前のイントネーションやアクセントをもとにして，感覚的にリズムをつくるように指示しましょう。
- ☑ リズムをつくるヒントとして「38 リズムパターン遊び2」などのように，リズムパターンカードを提示すると，楽譜に親しみながらゲームを続けられて，楽譜を意識するきっかけになります。
- ☑ 速度が一定でないと，リレーとしてつなげにくいことに気付かせ，前の児童の速度を意識してリレーができるように指導しましょう。
- ☑ どう表現してよいかわからない児童には，教師が「みんな，お手伝いしてみよう。〇〇君の名前にリズムをつけてあげよう」などと働きかけ，和やかな雰囲気を心がけましょう。まわりの児童のアイデアをもらって乗りきることは，互いのコミュニケーションを深めることにつながります。

（過外　美里）

40 まねっこリズム

「まねっこリズム」に加えて，即興的にリズムをつくる力を高める「まねっこしちゃダメよリズム」も紹介しています。

[対象] 低学年・中学年　[領域・分野] 音楽づくり
[要素] リズム

♪ やってみよう！

❶ 教師が声をかけて手拍子のリズムの問題を出し，児童が模倣します。

教師「こんなこと，こんなこと，できますか？」（と言いながら8拍分のリズムの問題を出す。♪♪♪♪｜♪♪♪♩‖）

児童「こんなこと，こんなこと，できますよ！」（8拍分のリズムを模倣して打つ。♪♪♪♪｜♪♪♪♩‖）

❷ 始めは♩と♩だけの簡単な問題を出し，徐々に♫のリズムを入れたり，手拍子以外の体の音を使った問題にしたりします。

❸ 慣れてきたら代表児童が教師の代わりにリズムの問題を出し，全員が応えるようにします。

❹ リズム模倣ができるようになったら，「まねっこしちゃダメよリズム」をします。言葉は言わず，手拍子だけで行います。「先生のリズムを少しだけ変えて応えてね」と声をかけると，負担感なく取り組めます。

例）教師 ♩♩♩♩｜♩♩♩𝄽　　児童 ♩♩♩♩｜♩♩♫♩𝄽

🎵 こんな力が身に付きます！

・集中してリズムを聴き取り，模倣する力。
・拍の流れにのってリズムを打つ力。
・即興的にリズムをつくる力。

🎵 こんな活動に発展！

　リズム模倣はすべての表現活動の基礎となる大切な活動です。児童の発達段階や経験に応じて，4拍のリズム模倣→8拍のリズム模倣→8拍の即興的なリズムづくり→8拍のリズムリレー→リズムのカノン……というように活動を発展させていくと，さまざまな活動に応用できます。

音楽づくり　4人グループで4拍または8拍のリズムを順に重ね合わせて，手拍子のリズムアンサンブルをつくります。始めの人は♩♩♩♩のような全体を支える簡単なリズムを打ち，それを聴いて次の人が休みを埋めるように別のリズムを重ね合わせていきます。互いの音をよく聴き，それぞれの音が生きるように重ねていきましょう。

取り組みのポイント ↓

☑　低学年では♩♩♩♩のような簡単なリズムを拍の流れにのってきちんと合わせられるようにすることが大切です。𝄽は手を軽くグーで握り，休符の長さを感じ取るようにします。「間違った人は座ります。最後まで残る"まねっこ1等賞"は誰かな？」というようにゲームにすると，意欲的に取り組むことができます。

☑　簡単なリズムの手拍子でも打つ位置，打ち方，強弱を変えることで，さまざまな音色を味わうことができます。まず，教師がさまざまな打ち方の見本を示し，それをまねさせることで音の出し方に興味をもたせるようにしましょう。

参考：山田俊之『ボディパーカッション de クラスづくり』明治図書

（石井　ゆきこ）

41 指揮者遊び

指揮者は心の中にある音楽を，合図でみんなから引き出します。指揮者役も演奏者役も遊びの中で音楽づくりを体験します。

対象　**全学年**　領域・分野　**音楽づくり**
要素　**音色，リズム，音の重なり**

🎵 やってみよう！

【ウォーミング・アップ】

　教師が指揮者役になります。スカーフを頭上で振っている間は手を打ち，スカーフを降ろしたら止めます。スカーフの振り方や振るリズムを変えたり，急に降ろしたりすることで，集中力を高めます。

【指揮者遊びで手拍子音楽】

❶　輪になって座り，中央に指揮者役が立ちます。
❷　指揮者が両手を挙げて振ったら強く手を打ち，両手をだんだん下げたら弱くしていきます。指揮者が両手を握り，動きを止めたら，音を止めます。
❸　指揮者が片手を差し出したら，その方向の人が手を打ちます。指揮者が1本指でさしたときは，さされた人だけ手を打ちます。1人の指揮者につき2分間程度行い，手拍子の音楽を楽しみます。

【小物打楽器で指揮者遊び】（低～中学年向き）

　1人1個，小物打楽器を持ち，指揮者の合図でそれぞれの楽器の音の出し方を工夫します。その際，トライアングル，カウベルなど金属系，カスタネット，ウッドブロックなど木質系，鈴やマラカスなど振って鳴らす楽器……というように種類ごとに並んで座ります。事前にいすの下に1個ずつ置いておくと，スムーズに活動できます。

🎵 こんな力が身に付きます！

・指揮者の合図を見て，音楽的な意図を感じ取って表現する力。
・自分が出したい音を想像してその場で判断しながら指揮をする力（指揮者）。

🎵 こんな活動に発展！

・声，体の音，身の回りの素材や楽器など音の素材を変えることで，さまざまな音色を楽しむ指揮者遊びができます。

ベルやチャイムで指揮者遊び (中～高学年向き)

1人1本ベルやチャイムを持ち，指揮者の合図で音を出します。1人ずつ順に鳴らすことで即興的に旋律をつくる，何人かを同時に指さして和音をつくる，全員で同時に鳴らす，バラバラにあちこちで音が鳴るようにするなど，さまざまな音の出し方を試すことができます。

「あ」の声で指揮者遊び (中～高学年向き)

全員が「あ」という声で表現する指揮者遊びです。一人ひとりが好きな高さの声を出すようにします。指揮の合図で声の強弱，高低，長さを工夫します。他に「さしすせそ」「ぱぴぷぺぽ」から音を選ぶ，「愛（アイ）」という言葉だけを使うなどにより，響きの美しい音空間をつくることができます。

取り組みのポイント↓

☑ まず，教師が指揮者になってみんなで音を出す活動を行い，指揮の仕方を示してから，児童が交替で指揮者を担当するようにしていきます。輪の中の指揮者を2人にすることも可能です。

☑ 低学年では指揮者が動くこと自体に興味を示し，どんな音を出すかまで意識していない場合があります。1人の指揮者が終わるたびに，みんなで面白い音や素敵な音がした場面を振り返ったり，上手な指揮の仕方をほめたりして，指揮の方法にバラエティをもたせるようにしていきましょう。

（石井　ゆきこ）

42 １分間ミュージック

教師が時計の針のように腕を一周まわす間に，児童は決めた回数の音を出します。不思議で素敵な音楽が生まれます。

対象	全学年	領域・分野	音楽づくり

要素　音色，リズム，音の重なり

🎵 やってみよう！

　全員で輪をつくって座ります。輪の中に入った教師が指揮者役になって腕を時計の針のようにゆっくりとまわします。腕が一回転する時間内に，好きなタイミングで１人３回手を打ちます。一定の時間の間，手拍子による拍節的でないリズム，音の重なりが偶然に生まれ，全員で不思議な音空間を味わうことができます。

　「腕が一回転する時間内に１人３回音を出す」という同じルールで，音の素材を変えると，さまざまな音空間を体験することができます。

【夜のかえる池１分間ミュージック】（低学年）

　かえるになったつもりで自分の鳴き声（例：ケロ，クワッ，グワッ，コロコロ，クルルルなど）を決め，時間内で３回鳴くようにします。あちこちからいろんな鳴き声が聞こえてきて，夜のかえる池に来たような雰囲気を味わえます。

【ベルやチャイムで１分間ミュージック】（中学年～高学年）

　音の高さがバラバラで白鍵と黒鍵を混ぜたベルやチャイムを配り，腕が一回転する時間の間，１人３回ベルやチャイムを鳴らします。宇宙空間にいるような静かで不思議な音空間が広がります。

🎵 こんな力が身に付きます！

・まわりの音を聴きながら即興的に表現する力。
・拍節的でないリズムの面白さを感じ取って表現する力。

🎵 こんな活動に発展！

手拍子や体の音，言葉，打楽器などによるリズムアンサンブルづくりをしているときに，1分間ミュージックを取り入れると，拍節的なリズムと拍節的でないリズムの両方のよさを味わうことができます。

【2年生　かえるのコーラス構成例】

①	②	③
・教師「ここは山奥の静かなかえる池です」 ・かえるの鳴き声による1分間ミュージック	・教師「おや，かえるたちのコーラスが聞こえてきましたよ」 ・輪唱〈かえるのがっしょう〉 ・グループのかえる言葉によるリズムアンサンブルの発表	・教師「夜もふけて，いつもの静かな池にもどりました」 ・1分間ミュージック

取り組みのポイント ⬇

☑ 「一定時間内に1人3回音を鳴らす」という簡単なルールで，拍節的でない音空間を楽しむことができます。人数が少ない学級では「1人5回」にする，さまざまな楽器を使う場合は学級の半分が行い，半分が聴き役になるなど，音の全体量に配慮しましょう。

☑ 初めてこの活動に取り組むとき，児童がいつ音を出してよいのか戸惑い，最初はあまり音を出さず，途中で一斉に音を出し始めるという様子が見られがちです。そのとき，「今の音はどうだったかな？」と振り返り，みんなで音空間をつくっていることに気付かせることが大切です。また「誰が面白い音を出していましたか？」と問いかけることで，2回目以降，全体の中でどのように自分の音を鳴らすか，意識して表現するようになります。

（石井　ゆきこ）

43 ベルやチャイムでメロディづくり

ハ長調の音階を1人1音担当し，いろいろな順番に並んで音を出します。いろいろなタイプの旋律を生み出し，味わいます。

[対象] 高学年　[領域・分野] 音楽づくり
[要素] 旋律

🎵 やってみよう！

ベルやチャイムで「ド・レ・ミ・ファ・ソ・ラ・シ・ド」の8音を準備します。

❶　8人の児童を指名し，好きな音を1つずつ選んでもらいます。
❷　自分のもつベルやチャイムを選んだら，自由に一列に並びます。

ソ　ファ　ミ　レ　ラ　シ　ド　ド

❸　順番に一人ひとりがベルやチャイムを演奏して，旋律をつくります。響きを楽しみながら，ゆっくり等間隔で演奏すると，8音のメロディが自然にできます。くり返しても楽しいです。

ソ　ファ　ミ　レ　ラ　シ　ド　ド

❹　できた旋律を，クラス全員で音名を用いて歌ってみましょう。

・1回の活動に8人ずつ参加できるため，回数を増やし，学級全員の子どもが活動できるようにするとよいです。
・音の順番を完全に自由に決めると，歌いやすい旋律，歌いにくい旋律，不思議な感じの旋律など，さまざまなタイプの旋律ができます。ド・ミ・ソのどれかで始め，ドで終わるとまとまりがよい，などの気付きが児童の中から生まれると，旋律づくりとしてさらに面白くなります。

こんな力が身に付きます！

・音の高さを理解して聴く力。
・音の高さを意識して聴いたり，歌ったりする力。
・フレーズのおさまりを意識して音を選び，表現する力。

こんな活動に発展！

・「音をつなげる」という楽しさをベースに，メロディをつくる活動を行うことで，さらに次のように発展できます。

歌唱・器楽　〈ドレミの歌〉など階名で歌える曲をたくさん歌わせることで，音の高さの違いを感じ取り，演奏する力も高まります。

音楽づくり　4～8小節の簡単な曲をつくる活動へ発展させます。そのときは，一人ひとりがリコーダーを使ってつくるようにします。

・音の高さと長さを組み合わせて旋律をつくれることを理解すると，記譜の学習への動機付けにもなり，さらなる活動につながります。記譜もできるようになると，つくった曲を書きとどめ，何度でも演奏することができます。

取り組みのポイント

☑ 演奏が速くならないように，一音一音ていねいに演奏させてください。どうしても速くなるときは，速くならないように教師がうまくコントロールしてください。

☑ 慣れてきたら，2周以上演奏したり，逆から演奏したりして，長いメロディをつくることもとても効果的です。

（竹井　秀文）

44 音のトークショータイム

4人で素敵なおしゃべりをするかのような活動です。楽器による問いと答え，あいづちなどにより4人1組で音楽表現します。

対象 高学年　領域・分野 音楽づくり
要素 音色　仕組み 問いと答え

♪ やってみよう！

「2　音のビタミンシャワー1」,「3　音のビタミンシャワー2」を発展させた高学年向きの活動です。

　音のビタミンシャワーの活動をとおして，クラスのメンバーはさまざまな面白い音やその音を出す手立てを知り，共有しているでしょう。「音のトークショータイム」は，当番の人（4名程度）が，それらの音から好きなものを選んで使い，即興的に音で会話をして，他のみんなに聴かせる活動です。

❶　当番になっている人たちは，自分の用いる音具を選んでおきます。「3　音のビタミンシャワー2」の活動で，友達に音を聴いてもらったときのことを思い出し，そのときと同じように友達に音を聴かせればよいのです。

❷　他の人たちは，「音のビタミンシャワー」のときと同様に，目を閉じ，机やいすに伏せたりして，静かに聴きます。

❸　当番の4人は，基本的に交代で音を出します。誰かがしゃべっているときは，他の人はなるべく聞くようにしますが，軽く「あいづち」をうったり，返事をしてあげたりすると，話が盛り上がります。言葉で会話するのと同じことですね。

当番の4人がだいたい交代で自分の音を聴かせられたタイミングで，終わりにします。全部で1分くらいでしょう。

🎵 こんな力が身に付きます！

・音色をよく味わって選び，また音の出し方をていねいにすることで，音をよく聴く力がつきます。
・この活動は「音で問いかける」「音で答える」ことそのものです。短時間で，「仕組み」に示された「問いと答え」の原理を生かした，音楽づくりの初歩段階ができるようになります。

🎵 こんな活動に発展！

　この活動が上達すると，それはもう立派な即興演奏です。プロのミュージシャンは，事前の打ち合わせがなくても，互いの表情や呼吸をはかりながら，楽譜のない部分を即興演奏しています。この活動では，順番を決めて音を出し，それに「あいづち」を入れる程度でかまいません。だんだんそれでは飽き足らなくなり，上をめざすグループが出てきます。

取り組みのポイント↓

　「この順番でやりなさい」「ここではこの音を出しなさい」「何回，音を出しなさい」という指示がないと，どうしてよいかわからない児童がいたり，逆に1人で勝手なことをする児童がいたりします。
【アドバイス例】

> 狭い間口を通るとき，自然にゆずり合うことはできますか？　いちいち話し合って順番を決めなくてもできるよね？　同じように，他の人の出す音がみんなによく聞こえるように，ゆずり合うといいよ。そしてあいづちを入れよう。次は自分がたっぷり聞かせる番かな？　他のみんなと目で合図しながら決めるんだよ。

（横川　雅之）

45 ジャズ風即興をしよう

ブルー・ノートや付点音符などでジャズ風の演奏を楽しみます。楽譜に残そうとせず，即興的に音楽をつくることがポイントです。

対象	高学年	領域・分野	器楽，音楽づくり
要素	旋律，リズム	仕組み	問いと答え

やってみよう！

　ジャズ特有のブルー・ノート（音階の第3音と第7音が少し低くなる音です。後に第5音もブルー・ノートが使われるようになりました）の含まれる音階と付点音符やシンコペーション，3連符などのリズムの工夫であっという間にジャズ風の即興ができます。

↓で示した音がブルー・ノートで，●がついている音がジャズの曲でよく用いられる音です。

●の音を鍵盤上に●と○で示すと次のとおりです

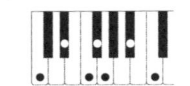

❶　1人ずつ8拍（4拍子2小節分）の中で，上記●のついている音だけを使って，短い旋律を発表します。聴いている仲間は偶数拍で手拍子します。

❷　鍵盤ハーモニカでもよいですし，ピアノやキーボードなどを3名ずつくらい（低い音の児童，真ん中の児童，高い音の児童）で順番に発表してもカッコいい演奏になります。

　本活動の「仕組み」の問いと答えは，たとえばペアが交互に即興演奏する場合で実現します。

🎵 こんな力が身に付きます！

・鍵盤楽器の技能が高まります。
・思いや意図をもって短い音楽を表現する力が身に付きます。
・聴くときに、偶数拍をクラップ（手拍子）することで、ポピュラー音楽に特有のリズムの感じ方を体験できます。

🎵 こんな活動に発展！

・キーボードなどにリズムの自動再生の機能がついている場合、ゆっくりめの4ビートでリズムを流しながら取り組むとさらにジャズ風になります。
・ポピュラー音楽の特徴をもつ曲を歌ったり楽器で演奏したりする場合のノリがよくなり、シンコペーションや付点の表現が、ポピュラー音楽にふさわしい感じの表現になります。

取り組みのポイント ⬇

✅ 左ページの鍵盤図で●で示した音だけを使います。どのような組み合わせもジャズっぽくなります。下の譜例では、ドで始まってドで終わっていますが、こだわらなくて大丈夫です。

✅ 1234｜1234と偶数拍を強く感じながら表現します。

✅ タタータ（シンコペーション），タッカタッカ（付点音符），タタタ，タタタ（3連符）などを使うとジャズ風になります。

✅ 記譜をさせないことがポイントです。シンコペーションや付点音符，3連符などを記譜すると、時間がかかりますし、活動のねらいと外れます。
先生が児童に聴かせるための例を譜面で紹介します。

音が少なくてもカッコいい

付点をたくさん使った例

（酒井　美恵子）

Chapter 4 みんなで楽しい音楽をつくろう

Column

大切なのは，表現したい気持ちにいたる内面のプロセス

音楽で表現したいという意欲は，「音楽以前」としか言いようのない土台の上に育ちます。自由に音や声を出し，いろいろ試して遊ぶ行為は，秩序ある音楽とは無縁のように見えます。しかし無意識のうちに，心地よい身体感覚や音の使い方を探り当てることにつながっているのです。ときには先生も，遊び感覚全開を試し，楽しんでください。

Chapter 5

いろいろな音楽を聴いて楽しもう

音楽を表現したり聴き取ったりする力は,いろいろな音楽活動をくり返しながら,高まっていきます。ここでは,低学年から高学年まで,いろいろな聴き方を紹介します。また,119ページからの「リッスンタイムおすすめ曲40一覧」は,それぞれの活動に取り入れる楽曲を選択するヒントになります。

46 あるキング
—音楽に合わせて歩いてみよう—

教師が音楽を奏で,その音楽に合った歩き方をします。音楽の特徴や歌詞の内容で歩き方を変えて楽しみます。

対象 低学年　**領域・分野** すべて（体を動かす活動）
要素 速度,強弱,拍子

🎵 やってみよう！

　教師がピアノやキーボードで提示するいろいろな曲に合わせて,児童たちが広いスペースの中を,自由に歩き方を工夫しながら活動します。低学年のうちから「あるキング」を楽しめるようにしていると,高学年になっても,曲に合わせて自由に表現できます。

❶　教師は,速度,強弱,拍子を変化させたり,日常生活や動物に関連する曲を選んだりして弾き,楽しく歩けるよう工夫します。

【曲の例】
〈さんぽ〉,〈線路は続くよどこまでも〉,〈かえるの合唱〉,〈ぞうさん〉,〈おつかいありさん〉など

【演奏の工夫の例】
・高音を細かく弾いたり,低音でどっしりゆっくり弾いたりする。

❷　途中で曲を意図的に停止したときに,「○人組！」と指示を出します。集まったことを確認したら次の曲を弾き,また児童たちは歩き始めます。

❸　活動の終わりの音楽を決めておいて,その音楽が終わるまでに座席に着くようにすると次の活動に円滑に移ることができます。たとえば〈アンパンマンマーチ〉をラストの曲にする,といった約束をしておきます。

🎵 こんな力が身に付きます！

・いろいろな速度，強弱，拍子に合わせて体で表現する力。
・即興的に曲や場面に合わせて表現する力。

🎵 こんな活動に発展！

・いろいろな速度や拍子に合わせて表現することに慣れるので，歌唱や器楽で表現するときにも，指揮や伴奏に合わせることがたやすくなります。
・友達と一緒に曲に合わせたり，グループをつくったりすることが，合奏や合唱において他の人と共同的に行う表現活動にもつながっていきます。

取り組みのポイント

☑ 机，いすなどを片付けて，広く自由に活動できるスペースを確保するとよいでしょう。

☑ 「歩くときは，友達を触らない」「曲が止まったら足を止める」「友達とグループをつくるときは，近くの友達とグループになって，座る」など，スムーズに活動できるようにルールを確認して始めましょう。

☑ 速度や拍子に合わせず走り回ってしまう児童には，曲を止めて「スピードが出すぎの子がいるね」などと言って，速度に合わせられないことがルールに反していることに気付かせるようにします。

☑ 曲を停止したとき，グループで集まるだけでなく，ただちに次のようなゲームを行うのも，楽しい展開の１つです。
【曲が停止したときのゲームの例】
〈おちゃらかほい〉〈でんしゃごっこ〉〈じゃんけんゲーム〉〈あっちむいてほい〉〈肩たたきゲーム〉〈なべなべそこぬけ〉「２人組の手遊び歌」など。

（過外　美里）

47 いろいろな拍子で指揮をしてみよう

曲を聴く，拍子を考える，手合わせする，拍の強弱を視覚的にとらえる，指揮をする等の活動を通して2，3，4，6拍子の定着を図ります。

[対象] **中学年**　[領域・分野] **鑑賞**
[要素] **拍の流れやフレーズ**

🎵 やってみよう！

❶　2拍子，3拍子，4拍子，6拍子の曲を数曲選曲します。
❷　それぞれの曲が何拍子なのかをクイズのように出題します。
❸　はじめに，何拍子の曲か考えて，わかったら指で拍子の数を示します。
❹　次に，曲の中にある強拍と弱拍を感じ取り，強拍・弱拍を見つけだすためにペアで手合わせ活動をして確認します。

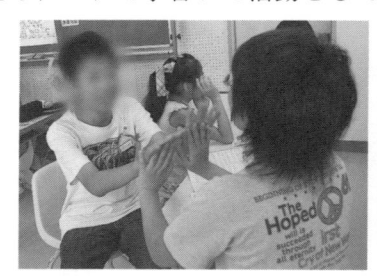

❺　学級全体で手合わせ活動を通して，答え合わせを行います。
・下のようなボードを準備して，視覚的な答え合わせを行います。

2拍子　● ● 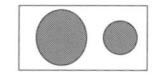
3拍子　● ● ● 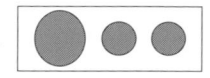
4拍子　● ● ● ● 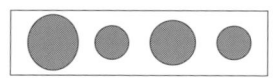
6拍子　● ● ● ● ● ●

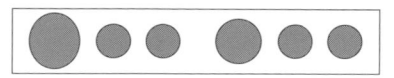

・答え合わせが終わりしだい，曲に合わせて指揮をして活動させます。そのときに強拍・弱拍などを意識した指揮ができるように，1拍目を大きく（はっきり）と振るように伝えます。

🎵 こんな力が身に付きます！

・拍の流れと拍子を感じ取る力。
・拍子の違いを意識しながら歌ったり演奏したりする力。
・拍子の違いによる曲想の違いなど，曲の特徴を聴く力。

🎵 こんな活動に発展！

・「拍・拍子」を感じ取ることをベースに，歌唱や器楽，音楽づくりなどの活動へつなげることで，さらに次のように展開できます。

|歌唱・器楽| リコーダー（8分の6拍子など）の曲を拍の流れにのって演奏することができます。「拍感」は表現の支えとなる重要な音楽の要素であることを理解し，拍・拍子を感じ取りながら演奏する力を高めます。

|音楽づくり| 「海の音楽をつくろう」などモチーフに合わせて音楽づくりの活動を取り組むときに，拍感を生かして表現をつくることができます。

取り組みのポイント ⬇

☑ クイズに出題する曲の順番を工夫して，聴く力をつけます。
（2拍子→3拍子→4拍子→6拍子→ランダム）

☑ 出題する曲は，子どもたちになじみのある曲を選曲すると，活動がさらに盛り上がります。

☑ ペアで活動することにより，強拍と弱拍があることを体感させることが大切です。

☑ 左ページのような掲示物をつくって環境を整えると，強拍や弱拍が視覚化されてわかりやすくなり，効果的に活動ができます。

（竹井　秀文）

48 クイズ何拍子？
―指揮してみよう―

47の活動で拍子と指揮の体験を重ね，ここでは曲を聴いてすぐに指揮ができる力を高めます。グループ活動で安心して取り組めます。

対象　高学年　　領域・分野　鑑賞
要素　拍の流れやフレーズ

🎵 やってみよう！

❶　グループごとにホワイトボード1枚とマーカー1本を配ります。
❷　クイズ曲を聴かせ，何拍子の曲かグループごとに話し合わせます。
❸　その答えをホワイトボードに書き，提示させます。
❹　曲をかけて指揮をさせて確認しながら，答え合わせをします。
（指揮を通して，強拍・弱拍を見つけだし，何拍子か考えて当てさせます。）

・グループ活動で行うので，どの子も参加ができます。時間をかけて，2拍子から順番に聴き比べていく活動が効果的です。2拍子，3拍子，4拍子，6拍子の指揮の仕方は低・中学年のときから順次，常時活動などで指導しておきます。板書は，応用問題の5拍子のときのものです。

🎵 こんな力が身に付きます！

・拍の流れと拍子を感じ取る力。
・拍子の違いを意識しながら歌ったり演奏したりする力。
・拍子の違いによる曲想の違いなど，曲の特徴を聴く力。

🎵 こんな活動に発展！

・「拍・拍子」を感じ取ることをベースに，歌唱や器楽，音楽づくりなどの活動へつなげ，たとえば次のように展開できます。

|歌唱・器楽| リコーダーなどの曲を拍の流れにのって演奏することができます。「拍感」が表現の支えとなる重要な音楽の要素であることを理解しつつ，拍・拍子を感じ取りながら演奏する力を高めます。

|音楽づくり| 体得した拍感を生かして，音楽づくりをすることができます。さらに，拍という音楽の要素を理解したところで，今度は無拍の音楽表現もあることを学び，その面白さを感じることもできます。「雨の音楽をつくろう」といったモチーフで，拍のない表現も試してみましょう。

|鑑賞| 意図的に，強拍・弱拍を明快にしていないような楽曲もあります。p.125に挙げた〈マドンナの宝石〉第1間奏曲などはその好例です。応用問題として取り上げ，指揮の仕方を話し合ってみましょう。

取り組みのポイント ⬇

- ☑ クイズに出題する曲の順番を工夫して，聴く力をつけます。
（2拍子→3拍子→4拍子→6拍子→学んだ後に応用問題）
- ☑ 出題する曲は，児童になじみのある曲を選曲するといっそう楽しく，活動が盛り上がります。
- ☑ 強拍・弱拍を見つけ出し，曲に合わせて指揮をさせ，それを根拠に何拍子かを楽しく当てていけるように取り組みましょう。
- ☑ ホワイトボードなどがないときは，画用紙などで代替し，グループ活動ができる環境を整えてから活動させましょう。

（竹井　秀文）

49 体で音楽を感じよう

速度や強弱の変化を体で表現しながら音楽を味わいます。〈ハンガリー舞曲〉第5番の他，おすすめ曲も紹介しています。

| 対象 | 高学年 | 領域・分野 | 鑑賞 |
| 要素 | 速度, 強弱, 調 | 仕組み | 反復 |

♪ やってみよう！

ブラームス作曲〈ハンガリー舞曲〉第5番を聴いて，速度や強弱の変化を感じとり，体で表す活動です。

❶ 速度や強弱の変化を感じ，指揮で2拍子を表したり，歩いたりします。

❷ 中間部の曲想を手の動きで表したり，歩いたりします。

こんな力が身に付きます！

・曲想とその変化などの特徴を感じる力が身に付きます。
・楽曲の構造を理解することができます。

こんな活動に発展！

・異なる指揮者やオーケストラの演奏を聴いたり，連弾での演奏を聴いたりして，速度や強弱の変化が演奏者や演奏形態によって変わることを感じ取ります。その際も，演奏しているつもりになって指揮をしたり，体を動かしたりして聴きます。
・〈ハンガリー舞曲〉の第1番や第6番，モンティ〈チャルダッシュ〉，ヨハン・シュトラウス〈ピチカート・ポルカ〉などで，速度や強弱の変化と曲想とのかかわりを感じ取り，楽しみます。

|歌唱| 〈山のごちそう〉をホルディヤーのところから速度を変化させて歌います。指揮者に合わせて音を長く伸ばすところをひざをたたいて歌ったり，その後の速度が速くなるところは，ひざ→手拍子→手を開くで歌ったりして，いろいろな速度の変化を楽しみながら歌うことができます。

【速度の変化を感じて歌いながら動く例】

ホール　ディー　ヤー　　ホル　ディヒ　ヒヤ

取り組みのポイント

☑ 体を動かすのは楽しい活動ですが，動かすことによって何を身に付けるかを常に考えて指導します。今回は速度と強弱の変化が曲想にかかわっていることに気付き，楽曲のよさを味わうことです。

（池田　順子）

50 5分間鑑賞タイム

2分くらいの曲を聴き，気付いたことや感じたことを言葉にします。さまざまな音楽の魅力にふれ，音楽を聴くよさを実感します。

対象 全学年　領域・分野 鑑賞
要素 楽曲を特徴付けるさまざまな要素

🎵 やってみよう！

　授業の始めに継続した鑑賞タイムを設けます。音楽を聴く時間は2分程度にして，残りの3分間で聴いて気付いたことや感じたことを意見交流したり，ワークシートに記入したりします。

　低学年では，音楽に合わせて体を動かしたり，音楽を聴いて想像したことを発表し合ったりします。中学年では，主な旋律を演奏している楽器は何かを聴き取ったり，音楽の特徴や曲想から気付いたことや感じ取ったことをワークシートに記入したりします。高学年では，楽曲の特徴がどのような作曲家の工夫（音楽を形づくっている要素のかかわり）から生まれているかを見つけて聴くようにします。

　映像資料なども活用し，さまざまな音楽を聴く楽しさを味わうようにしましょう。

【中学年用ワークシート例】

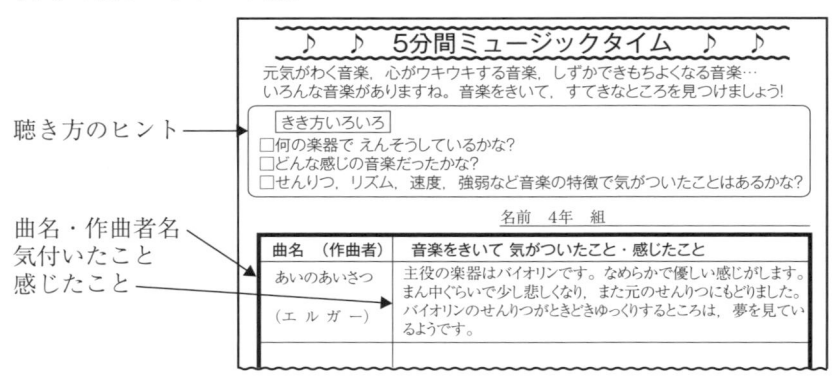

聴き方のヒント →

曲名・作曲者名
気付いたこと
感じたこと

♪　♪　5分間ミュージックタイム　♪　♪

元気がわく音楽，心がウキウキする音楽，しずかできもちよくなる音楽…
いろんな音楽がありますね。音楽をきいて，すてきなところを見つけましょう!

きき方いろいろ
□何の楽器で えんそうしているかな?
□どんな感じの音楽だったかな?
□せんりつ，リズム，速度，強弱など音楽の特徴で気がついたことはあるかな?

名前　4年　組

曲名　（作曲者）	音楽をきいて 気がついたこと・感じたこと
あいのあいさつ （エルガー）	主役の楽器はバイオリンです。なめらかで優しい感じがします。まん中ぐらいで少し悲しくなり，また元のせんりつにもどりました。バイオリンのせんりつがときどきゆっくりするところは，夢を見ているようです。

🎵 こんな力が身に付きます！

・さまざまな音楽のよさを味わう力。
・聴き取り感じ取ったことを言葉などで表す力。

🎵 こんな活動に発展！

・5分間鑑賞タイムで聴く曲は，学習指導要領の鑑賞教材選択の観点を参考にするとよいでしょう。教科書の鑑賞用ＣＤに参考曲として取り上げられている曲も使えます。

|中学年の活動例| サン＝サーンス作曲，組曲〈動物の謝肉祭〉より毎回，1曲ずつ聴きます。「今日の音楽が表す動物は何でしょう？」→自分が想像した動物名を書く（後で実際の曲名を知らせる）。「どうして，そう思ったのかな？」→音楽の特徴で気付いたこと，そこから想像した情景を書く。
・感想を書いたワークシートを3，4名で見せ合うと，短時間で友達と意見交流することができます。
・学習している題材に関連する教材を聴き比べ，表現の工夫のヒントとしてもよいでしょう。

取り組みのポイント ↓

☑ 「主な旋律を演奏している楽器は何でしょう？」というように，聴く観点を1つ示すことで，何を聴き取るかを明確にします。旋律，リズム，速度，強弱など，その音楽を特徴付けている要素をキーワードとして示すことも考えられます。聴く観点についてワークシートに記入するなど，書く内容を限定することで，負担感なく言葉で表すことができるようにします。

☑ 音楽を聴く楽しさを味わい，さまざまな音楽に親しむことがこの活動の目的です。クイズ形式にする，音楽に合わせて動く，コンサートの様子の映像を視聴するなど，毎回聴き方を変える工夫をしましょう。

（石井　ゆきこ）

Column

共有される古典に

現在は同世代同士でも，誰もが知っていて一緒に歌える歌が少ないようです。共有されていれば，替え歌などにして遊ぶのも大変楽しいですね。

本書では短い鑑賞曲を多数紹介しています。主題が覚えやすく，幅広い世代に比較的なじみ深い曲です。「クラシック＝古典」の本来の意味は，評価が安定し，共有されている文化財。鑑賞曲として，そのようなレパートリーになりますように！

リッスンタイム

おすすめ曲 40 一覧

　ここでは，3分間前後で聴くことのできる素敵な楽曲を40曲紹介しています。
「動物」（8曲），「鳥」（6曲），「おもちゃ，器械」（7曲），「乗り物」（2曲），「行進曲など―歩きながら聴くおすすめ曲―」（再掲含め5曲,）「踊り」（11曲），「情景を想像して」（1曲），「指揮に挑戦」（1曲）でまとめてみました。
　各曲の情報としては，「曲名」「作曲者情報」「楽曲冒頭に付けられた速度や表情の用語」「拍子」「調」「使用している楽器」「おおよその演奏時間」「聴きどころ」をコンパクトに示しました。
　授業で「身近な生き物を扱った音楽を聴かせたい」「金管楽器が活躍している曲はないか？」「元気に歩いて聴ける曲を知りたい」などの先生方の希望に応えるページです。
　音楽は，聴くと気持ちがいろいろ変化します。授業の始まりなどに，「児童のテンションを上げたい」という場合や，「気持ちを落ち着かせて集中させたい」という場合などがあります。そのようなときにも役立ててください。

リッスンタイム　おすすめ曲40一覧

No.	曲名 / 速度や表情 / 拍子 / 調 / 楽器編成 / 演奏時間 / 聴きどころ	作曲者名(生没年　国)

動物

01 組曲〈動物の謝肉祭〉より〈かめ〉　　サン＝サーンス(1835〜1921　フランス)
威厳をもって歩く感じで　／　4分の4拍子　／　変ロ長調　／　ピアノ＋弦楽器　／　約1分45秒
ゆっくりと浮き上がって聞こえる主題は，別の作曲家のオペラ「天国と地獄」から取った旋律で，もともとは速いのです。速度や音の高さが変わると，印象がすっかり変わる好例です。

02 組曲〈動物の謝肉祭〉より〈ぞう〉　　サン＝サーンス(1835〜1921　フランス)
アレグレットで華やかに　／　4分の3拍子　／　変ホ長調　／　ピアノ，コントラバス　／　約1分30秒
軽やかなはずのワルツの曲ですが，低音のコントラバスが旋律を奏でます。ゾウがワルツを踊る様子を思いうかべると，とてもユーモラスですね。細かい動きはできるのでしょうか。

03 組曲〈動物の謝肉祭〉より〈白鳥〉　　サン＝サーンス(1835〜1921　フランス)
アンダンティーノで優美に　／　4分の6拍子　／　ト長調　／　チェロ，ピアノ2　／　約3分
独奏楽器のチェロが白鳥を，ピアノ2台がきらめく水面を表すかのような美しい曲です。それぞれの楽器を聴きながら体を動かす活動などは特徴をとらえるために効果的です。

04 組曲〈動物の謝肉祭〉より〈水族館〉　　サン＝サーンス(1835〜1921　フランス)
アンダンティーノで　／　4分の4拍子　／　イ短調で表記，終止はイ長調　／　フルート，ピアノ2，バイオリン2，ビオラ，チェロ，チェレスタ　／　約2分
ピアノの細かい分散和音は水のゆらぎ，単純な旋律はゆったり泳ぐサカナでしょうか。泡なのか光なのか，チェレスタのグリッサンドも響きます。幻想的な曲に，きっと癒されるでしょう。

05 〈おどる子ねこ〉(Waltzing Cat)　　アンダソン(1908〜1975　アメリカ)
中くらいのワルツのテンポで　／　4分の3拍子　／　ト長調　／　オーケストラ　／　約3分
ポルタメント奏法による「ニャーオ」を楽しみながら，ワルツのステップを試してはいかが？

06 〈熊蜂はとぶ〉　　リムスキー＝コルサコフ(1844〜1908　ロシア)
速く生き生きと　／　4分の2拍子　／　イ短調　／　オーケストラ　／　約1分45秒
ヴァイオリンやチェロとピアノ伴奏で演奏されることも多いです。熊蜂がぶんぶんとうるさい様子がよくわかるのは，半音進行による十六分音符の細かい動きが一貫しているからです。

07 〈小犬のワルツ〉　　ショパン(1810〜1849　ポーランド)
非常に生き生きと　／　4分の3拍子　／　変ニ長調の表記だが目まぐるしく転調　／　ピアノ　／　約4分
主題に，小さな犬が自分のしっぽを追いかけて，グルグル回る様子が表現されています。中間部はゆるやかで夢見るような旋律。再び忙しい主題に戻ります。A-B-A形式がよくわかる曲。

08 〈口笛ふきと子犬〉　　プライヤー(1870〜1942　アメリカ)
(原曲の記載不明)　／　4分の4拍子　／　(教材音源：ハ長調)　／　管弦楽　／　約3分
好天の日，心の通じる飼い犬を連れてのどかな散歩の感じです。どんな歩き方でしょう？　本当の口笛による楽しげな旋律と，演奏者の誰かによるリアルな犬の声が響きます。

No.	曲名 / 速度や表情 / 拍子 / 調 / 作曲者名（生没年　国） / 楽器編成 / 演奏時間 / 聴きどころ

鳥 ●●●

09	〈展覧会の絵〉より〈卵のからをつけたひなの踊り〉 ムソルグスキー（1839〜1881　ロシア）作曲／ラヴェル編曲版
	小スケルツォ，生き生きと軽やかに ／ 4分の2拍子 ／ ヘ長調 ／ オーケストラ（原曲ピアノ） ／ 約1分15秒
	卵からかえった雛たちが，まだ真っすぐ歩けず，もがきながらチイピイと声を張り上げている感じでしょうか。A-B-A形式の成り立ちが聴き取れますか。それぞれどんな様子でしょう？

10	バレエ〈白鳥の湖〉より〈情景〉　チャイコフスキー（1840〜1893　ロシア）
	モデラートで ／ 4分の4拍子 ／ ロ短調 ／ オーケストラ ／ 約2分30秒
	オーボエの音色が，旋律に絶妙の味わいを与え印象深い曲。楽器を当てるのに好適です。次第にオーケストラの響きの厚みが増し，物語のドラマチックな展開を予感させます。

11	バレエ〈白鳥の湖〉より〈白鳥たちの踊り〉　チャイコフスキー（1840〜1893　ロシア）
	穏やかに速く ／ 4分の4拍子 ／ 嬰ヘ短調 ／ オーケストラ ／ 約2分
	バレエでは通常4羽の白鳥が横一列に並び，そろった動きを披露します。

12	〈恋のうぐいす〉クラヴサン曲集より　クープラン（1668〜1733　フランス）
	ゆっくりと優しく ／ 8分の6拍子 ／ ニ長調 ／ チェンバロ ／ 約4分
	原曲はチェンバロのために書かれ，ナイチンゲールの声を模しています。フルートやリコーダーでの演奏も多く，恋の語り方は，同じ楽譜でも演奏者によって大変違うのが興味深い曲です。

13	〈カッコウ〉クラヴサン曲集より　ダカン（1694〜1772　フランス）
	活発に速く ／ 4分の2拍子 ／ ホ短調 ／ チェンバロ ／ 約2分
	カッコウが，細かい十六分音符の絶え間ない流れにのって何度も歌います。が，途中ト長調に転調しても，なぜか独特の哀愁があり，きっと心に残るでしょう。

14	〈かっこうワルツ〉　ヨナッソン（1886〜1956　スウェーデン）
	アレグロで ／ 4分の3拍子 ／ （教材音源：ハ長調） ／ オーケストラ ／ 約2分30秒
	こちらは明るくおおらかで愛らしいカッコウの鳴き声をモチーフにした，親しみやすい曲。

おもちゃ，器械 ●●●●●●●●●●●●●●●●●●●●●●●●●●●●●●●●●●●●

15	〈シンコペーテッド・クロック〉　アンダソン（1908〜1975　アメリカ）
	穏やかに ／ 4分の4拍子 ／ ニ長調 ／ オーケストラ ／ 約2分30秒
	ウッドブロックが時を刻みますが，4小節ごとにシンコペーションが聞き取れます。軽くジャズっぽい陽気な曲。目覚まし時計のベル，カウベルなどの音もします。

16	〈タイプライター〉　アンダソン（1908〜1975　アメリカ）
	生き生きと快速に ／ 2分の2拍子 ／ ト長調 ／ オーケストラ ／ 約3分
	タイプライターは20世紀半ばのキーボード。本物のタイプライターを楽器として使うという遊び心が見事な曲。書類を打つ秘書は，昔も今も大忙しで打ちまくります。

17	組曲〈ハーリ・ヤーノシュ〉より〈ウィーンの音楽時計〉　コダーイ（1882〜1967　ハンガリー）
	アレグレットで ／ 4分の4拍子 ／ 変ホ長調 ／ オーケストラ ／ 約1分50秒
	ウィーンの音楽時計は自動演奏楽器の始まりでしょうか？　鐘や木管楽器が愉快に，カノン風に音楽時計を描写します。

No.	曲名 / 速度や表情 / 拍子 / 調 / 楽器編成 / 演奏時間 / 聴きどころ			作曲者名（生没年　国）		
18	〈子どものためのアルバム〉より〈鉛の兵隊の行進〉			ピエルネ（1863〜1937　フランス）		
	心持ち速く	4分の4拍子	変ロ長調	オーケストラ（原曲ピアノ）		約4分
	原曲はピアノのために書かれましたが，オーケストラのアレンジのほうがポピュラーです。「聴いたことがある！」と多くの人が思う曲です。					
19	〈マ・メール・ロワ〉オーケストラ版より〈パゴダの女王レドロネット〉			ラヴェル（1875〜1937　フランス）		
	行進曲のように	4分の2拍子	嬰ヘ長調で表記してある西洋音階では捉えられない	オーケストラ（原曲ピアノ）		約3分40秒
	陶器人形の女王の沐浴タイムを彩る，人形たちの音楽。オリエンタル風の5音音階の旋律が高音で・低音で，にぎやかです。旋律に和音に，多彩な音色が聞こえてビックリ。					
20	〈子どもの領分〉より〈ゴリウォッグのケークウォーク〉			ドビュッシー（1862〜1918　フランス）		
	アレグロで正確に	4分の2拍子	変ホ長調	オーケストラ（原曲ピアノ）		約3分
	ケークウォークとは，そり返った姿勢で高くステップするダンス。これを踊る器械人形の様子を想像して動いてみましょう。シンコペーションリズムと和音の響きで，ジャズを楽しみます。					
21	〈おもちゃのシンフォニー〉　1．第1楽章　2．第2楽章　3．第3楽章			レオポルド・モーツァルト（1719〜1787　オーストリア）		
	1 アレグロ 2 メヌエット―トリオ―メヌエット 3 アレグロモデラート	1．4分の4拍子 2．4分の3拍子 3．8分の3拍子	ハ長調	弦楽器（ヴァイオリン・チェロ・コントラバス）＋各種オモチャの笛，ラッパ，ガラガラ等		3楽章で約7分
	軽い小さな交響曲形式ですが，オモチャが使われる楽しさ！　音程が少し外れていたりするのも面白く，1度は自分たちで演奏できないかな，と思えてくる曲です。					

乗り物 ●●●●●●●●●●●●●●●●●●●●●●●●●●●●●●●●●●●

22	〈展覧会の絵〉より〈ビドロ〉			ムソルグスキー（1839〜1881　ロシア）作曲／ラヴェル編曲版		
	重々しく，ずっとモデラートで	4分の2拍子	嬰ト短調	オーケストラ（原曲ピアノ）		約3分
	ビドロまたはビドウォは牛の引く荷車。大きな車輪の回転を表すような弦楽器の伴奏にのって，チューバが主題を奏でます。重々しい旋律ですが，高い音になるとやわらかく優しげな音色です。					
23	〈そりすべり〉			アンダソン（1908〜1975　アメリカ）		
	アレグロで	2分の2拍子	変ロ長調	オーケストラ		3分弱
	冬になるとよく耳にします。雪道を軽快にすべるそり。鈴の音，ムチの音，馬のいななき。					

行進曲など―歩きながら聴くおすすめ曲― ●●●●●●●●●●●●●●●●●●●●

08	〈口笛ふきと子犬〉（再掲）→項目「動物」参照	プライヤー（1870〜1942　アメリカ）

No.	曲名			作曲者名（生没年　国）		
	速度や表情	拍子	調	楽器編成		演奏時間
	聴きどころ					

24	バレエ〈くるみ割り人形〉より〈行進曲〉		チャイコフスキー（1840～1893　ロシア）		
	行進曲のテンポで生き生きと	4分の4拍子	ト長調	オーケストラ	約2分30秒
	第1幕で子どもたちが入ってくるときの音楽です。主旋律がトランペット，ホルン，クラリネットで始まり，弦楽器に引き継がれます。楽器が増え，華やかに展開します。				

25	〈あやつり人形の葬送行進曲〉		グノー（1818～1893　フランス）		
	アレグロで	8分の6拍子	二短調	オーケストラ	約4分
	あやつり人形を墓地へ運ぶ情景とはいえ，何となくユーモラスな音の動きを楽しめます。8分の6拍子という表記ですが，それは音楽的には2拍子だということがよくわかります。				

26	〈楽しい行進曲〉		シャブリエ（1841～1894　フランス）		
	行進曲のテンポで，きっぱりと楽しく	4分の2拍子	ハ長調	オーケストラ	約3分半
	最近は吹奏楽のレパートリーとして演奏されます。さまざまな木管楽器，金管楽器の多様な音色を楽しみながら，行進曲のリズムを感じて歩いてみましょう。				

27	〈ラデツキー行進曲〉		ヨハン・シュトラウス　父（1804～1869　オーストリア）		
	作曲者による記載なし	2分の2拍子	二長調	オーケストラ	約3分
	開始部やつなぎの部分に例外がありますが，8小節の親しみやすい旋律3種類が，はっきりわかるでしょう。それらの反復を，強弱の変化と，華やかな大太鼓・小太鼓が彩ります。				

踊り ●●●●●●●●●●●●●●●●●●●●●●●●●●●●●●●●●●

28	バレエ〈くるみ割り人形〉より〈中国の踊り〉		チャイコフスキー（1840～1893　ロシア）		
	穏やかに速く	4分の4拍子	変ロ長調	オーケストラ	約2分
	ファゴットが刻む八分音符の連打の上で，フルートが歌います。何となくヨチヨチ歩きのようなステップが連想されます。				

29	バレエ〈くるみ割り人形〉より〈トレパーク〉		チャイコフスキー（1840～1893　ロシア）		
	トレパークのテンポで非常に生き生きと	4分の2拍子	ト長調	オーケストラ	約1分
	トレパークはロシアの伝統的な激しい踊り。この曲を聴くだけで，男性の勇壮な跳躍やステップをイメージできそうです。				

30	バレエ〈くるみ割り人形〉より〈こんぺいとうの踊り〉		チャイコフスキー（1840～1893　ロシア）		
	ゆっくりすぎずに	4分の2拍子	ホ短調	オーケストラ＋チェレスタ	約2分
	チェレスタという鍵盤楽器の音色は，ひとえにこの曲で知れ渡っているのではないでしょうか。				

31	〈スケーターズ・ワルツ〉		ワルトトイフェル（1837～1915　フランス）		
	（原曲の記載不明）	4分の3拍子	イ長調	オーケストラ	約10分
	19世紀の終わり頃，パリではスケートが流行していたそうです。やや長いので，一部分を聴くだけでもよいでしょう。ワルツのテンポにのって，いくつかの洒落た旋律が耳に残るでしょう。				

32	バレエ〈ガイーヌ〉より〈剣の舞〉		ハチャトゥリアン（1903～1978　ロシア）		
	非常に速く	4分の4拍子	イ短調	木琴・木管・ホルン	約1分
	クルド民族の舞曲に着想を得たもので，強烈なリズム，合いの手のように入るポルタメントも印象的です。元気のでる曲。				

No.	曲名 / 速度や表情 / 聴きどころ	拍子	調	作曲者名(生没年 国) / 楽器編成	演奏時間

No.	曲名・速度・聴きどころ	拍子	調	作曲者・楽器編成	演奏時間
33	〈トリッチ・トラッチ・ポルカ〉 ポルカのテンポで トリッチ・トラッチとは、うわさ話や毎日の出来事をやかましくおしゃべりする様子。話は次から次へ際限なく、忙しく、楽しく続きます。	4分の2拍子	二長調	ヨハン・シュトラウス2世(1825〜1899 オーストリア) オーケストラ	約3分
34	バレエ〈シルヴィア〉より〈ピチカート〉 しっかりと中庸な速さで タイトルそのもので、バイオリンのピチカート奏法のお手本のような曲です。同じバイオリンでも、弾き方の違いで、音色も音の表情も全く変わるのですね。	8分の4拍子	二長調	ドリーブ(1836〜1891 フランス) 弦楽合奏	約2分15秒
35	〈アルルの女 第2組曲〉より〈メヌエット〉 アレグレットに近いアンダンティーノで♩=72 優美な美しいメヌエットとして有名。フルートとハープの音色がよくわかります。ヘ長調に移調してソプラノリコーダーで吹くことも可能です。	4分の3拍子	変ホ長調	ビゼー(1838〜1875 フランス) オーケストラ フルートとハープが主役	約2分30秒
36	〈ジャマイカン・ルンバ〉 正確なテンポでルンバ風に 吹奏楽、ピアノ連弾など多くのアレンジがあります。シンコペーションと独特の和音が楽しいですが、音使いはとてもやさしく、ヘ長調にすればソプラノリコーダーで演奏できます。	4分の2拍子	(原曲の調不明)	ベンジャミン(1893〜1960 オーストラリア) 原曲オーケストラ	約3分
37	〈クラリネット・ポルカ〉 ポルカのテンポで クラリネットは低音と高音で少し音色が変わりますが、この曲はクラリネットの魅力を十分に発揮しています。民衆の間で愛され伝承されてきた曲らしく、分かりやすく整った形式です。	4分の2拍子	変ロ長調	ポーランド民謡 クラリネットとピアノまたはオーケストラ	約2分
38	〈マンボ No.5〉 (原曲の記載不明) ノリのよいリズムとメロディで、1950年代に大流行しました。途中に「あ〜うっ!」などとかけ声が入ることが多い楽しい曲です。	4分の4拍子	原曲の調不明(変ホ長調の演奏多い)	ペレス・プラード(1916〜1989 キューバ) トランペット、トロンボーン、サクソフォーン、ティンバレス、ボンゴ、コンガなど	約2分30秒(演奏者によって異なる)

情景を想像して

No.	曲名・速度・聴きどころ	拍子	調	作曲者・楽器編成	演奏時間
39	〈軽騎兵〉序曲 堂々と—アレグロ—アレグロで華やかに—アンダンティーノで動きをもって ファンファーレに始まり、軽騎兵の進軍、友への哀悼、など、場面が移り変わりますが、児童に十分様子が推測、イメージでき、低学年でも集中して聴くことができます。	4分の4拍子—(中間部8分の6拍子)	イ長調(中間部イ短調)	スッペ(1819〜1895 オーストリア) オーケストラ	約5分40秒

No.	曲名			作曲者名(生没年　国)		
	速度や表情	拍子	調	楽器編成		演奏時間
	聴きどころ					

指揮に挑戦（事例48参照）●●●●●●●●●●●●●●●●●●●●●●●●●●●●●●

40	〈マドンナの宝石〉第１間奏曲			ヴォルフ＝フェラーリ(1876～1948　イタリア)		
	静かに	緩やかな２拍子（８分の６拍子の小節と４分の２拍子の小節が混合している）		イ短調	オーケストラ	４分弱
	並外れて叙情的な曲。８分の６拍子の弦ピチカートの分散和音にのって、４分の２拍子で書かれた美しい旋律が歌われます。この曲は、どんな風に指揮をするのか考えてみましょう。					

組曲から

組曲〈動物の謝肉祭〉より〈かめ〉→項目「動物」参照	サン＝サーンス(1835～1921　フランス)
組曲〈動物の謝肉祭〉より〈ぞう〉→項目「動物」参照	サン＝サーンス(1835～1921　フランス)
組曲〈動物の謝肉祭〉より〈白鳥〉→項目「動物」参照	サン＝サーンス(1835～1921　フランス)
組曲〈動物の謝肉祭〉より〈水族館〉→項目「動物」参照	サン＝サーンス(1835～1921　フランス)
〈展覧会の絵〉より〈卵のからをつけたひなの踊り〉→項目「鳥」参照	ムソルグスキー(1839～1881　ロシア)作曲／ラヴェル編曲版
〈展覧会の絵〉より〈ビドロ〉→項目「乗り物」参照	ムソルグスキー(1839～1881　ロシア)作曲／ラヴェル編曲版
バレエ〈白鳥の湖〉より〈情景〉→項目「鳥」参照	チャイコフスキー(1840～1893　ロシア)
バレエ〈白鳥の湖〉より〈白鳥たちの踊り〉→項目「鳥」参照	チャイコフスキー(1840～1893　ロシア)
バレエ〈くるみ割り人形〉より〈行進曲〉→項目「行進曲など」参照	チャイコフスキー(1840～1893　ロシア)
バレエ〈くるみ割り人形〉より〈中国の踊り〉→項目「踊り」参照	チャイコフスキー(1840～1893　ロシア)
バレエ〈くるみ割り人形〉より〈トレパーク〉→項目「踊り」参照	チャイコフスキー(1840～1893　ロシア)
バレエ〈くるみ割り人形〉より〈こんぺいとうの踊り〉→項目「踊り」参照	チャイコフスキー(1840～1893　ロシア)

アンダソン作品

〈おどる子ねこ〉(Waltzing Cat)→項目「動物」参照	アンダソン(1908～1975　アメリカ)
〈シンコペーテッド・クロック〉→項目「おもちゃ，器械」参照	アンダソン(1908～1975　アメリカ)
〈タイプライター〉→項目「おもちゃ，器械」参照	アンダソン(1908～1975　アメリカ)
〈そりすべり〉→項目「乗り物」参照	アンダソン(1908～1975　アメリカ)

※本書で紹介している活動１，２，３の参考資料
　DVD『みんなで「音」を聴いてみよう』（企画制作　阪井恵　JSPS科研費24531155助成による教材ソフト）入手に関するお問い合わせ先：megumi.sakai@meisei-u.ac.jp

（阪井　恵）

本書で紹介しているアクティビティの原実践に関して

　本書に掲載のアクティビティには，人づてに伝承され共有されているものの，オリジナルを特定することが困難なものがあります。

　その中で，一部のアクティビティのオリジナルにあたるものとして，1980年代に「創造的音楽学習」として日本に紹介されたさまざまな活動を見逃すことはできません。坪能由紀子氏，山本文茂氏，若尾裕氏などが，イギリスを中心とする欧米の音楽遊び・音楽づくりのアイデアを，日本に紹介されました。それを受けた多くの学校現場の教員の方々が，さまざまな工夫を加えたり伝え合ったりして，日本の現場に広まった経緯があります。「手拍子まわし」に類するもの（4，10，11，15など），「指揮遊び」に類するもの（41，42）などのオリジナルは，ここに求めることができます。1990年代前半の雑誌『教育音楽』（音楽之友社）などに，多数の類似事例も紹介されました。

（編著者）